DUMONT EXTRA

Florenz

**Paul Otto Schulz
Margret Schulz-Wenzel**

Inhalt

Benvenuti *4*
Geschichte *10*
Gut zu wissen! *12*
Sprachführer *14*
Reise-Service *16*

Zu Gast in Florenz *20*
Hotels *22*
Essen & Trinken *30*
Shopping *44*
Nightlife *54*
Kultur & Unterhaltung *60*
Freizeit & Fitness *64*
Sightseeing *66*
Ausflüge *80*

Extra-Touren *82*

Extra-Tour 1 *84*
Die schönsten und belebtesten Plätze

Extra-Tour 2 *86*
Auf den Spuren der Medici

Extra-Tour 3 *88*
Märkte, Mode, Antiquitäten, Schmuck, *dolci*

Extra-Tour 4 *90*
Florenz in Grün

Extra-Tour 5 *92*
Fresken-Tour

Impressum/Fotonachweis *94*

Register *95*

Benv

Schauplatz Florenz, Metropole der Renaissance: Wer durch Florenz schlendert, sieht immer wieder Neues – auf Schritt und Tritt. Sehen, Entdecken wird in dieser Stadt, mehr noch als in jeder anderen, zum Mittelpunkt des Besuchs. Auch wer zum ersten Mal hier ist, trifft alte Bekannte: Michelangelos ›David‹, Giambolognas ›Sabinerin‹, Cellinis ›Perseus‹ – weltberühmte Skulpturen warten am Straßenrand auf

enuti!

ihre Bewunderer. Und die Uffizien verheißen Kunstliebhabern mit gut 1000 Meisterwerken den Himmel auf Erden: Raffaels ›Madonna mit dem Stieglitz‹, Leonardos ›Verkündigung‹, Botticellis ›Geburt der Venus‹… Der sagenhafte Dom, die Kirchen und Kapellen, die Paläste der Medici! Doch Florenz, Kapitale der Toscana, ist auch eine Stadt der Gegenwart, der Lebensart, der Lebensfreude.

Florenz "Stadt der Medici"

Kunststädte von Weltrang? In diesem Zusammenhang fällt sogleich der Name Florenz. Das Trecento lässt grüßen, und für Liebhaber der Renaissance ist Florenz gar die Stadt par excellence. Kunstkenner bewundern und schätzen sie, betrachten sie ehrfürchtig. Zunächst kamen die Künstler, ihr Besuch galt den Stätten der Genies, der Erneuerer: Donatello, Michelangelo, Machiavelli, Dante, Galilei. Nein, Goethe weilte nicht hier; er nahm Florenz nur als Durchgangsstation wahr, ›sauste‹ direkt weiter nach Rom, zu den Ruinen der Antike. Doch spätere Besucher kamen und sahen – und sahen sich mitunter an der Grenze ihrer Aufnahmefähigkeit. Stendhal erlitt unter dem Eindruck der Kunstwerke in S. Croce gar einen hysterischen Zusammenbruch, der als ›Stendhal-Syndrom‹ in die Sprache der Medizin einging.

Jeder Florenzbesucher hat – zumindest in Ansätzen – diese Form des ›Kunstrauschs‹ am eigenen Leib erfahren. Die Verwirrung der Gefühle wird ausgelöst durch die wahre Flut an Objekten, Malereien, Bauwerken: Ein jedes ist einzigartig und nahezu überwältigend.

Reiner Kunstgenuss stellte sich wohl nur ein, könnte man der Überreizung der Sinne entgehen. Doch wer kann das schon in Florenz? Die langen Schlangen ergeben wartender Menschen vor dem Eingang des ›Heiligsten‹, der Uffizien, sind ein Phänomen für sich. Zentimeter um Zentimeter geht es vorwärts. Wer nähme schon diese Plage auf sich, wenn er im Inneren der Galleria degli Uffizi nicht hinreichend für die Warterei belohnt würde? Die Pilger stehen in Trauben vor den Gemälden. Immer nur wenige Minuten, dann schiebt sich der Tross weiter zum nächsten Meisterwerk, um wieder in Andacht zu verharren: bei Fra Angelico, Ucello, Filippino Lippi, Pollaiuolo, Botticelli, Leonardo… Die Kunststadt Florenz weiß mit Zahlen zu beeindrucken. Michelangelos ›David‹ (das Original wird in der Galleria dell'Accademia aufbewahrt) kann bald auf den millionsten Besucher herabblicken. Und sogar die kleine Cappella Brancacci der Kirche S. Maria del Carmine mit dem beeindruckenden Freskenzyklus hat bereits 120 000 Bewunderer zu verzeichnen.

Historische Bausubstanz des Trecento – des 14. Jh., der Gotik also

Benvenuti

Für die Ewigkeit: das florentinische Panorama

– und der Renaissance säumt den Weg des Flaneurs in der historischen Altstadt: die marmorgeschmückte Trias Baptisterium, Dom (mit der Kuppel als Wahrzeichen) und Campanile; das Rathaus-Ensemble Palazzo Vecchio, Piazza della Signoria, Loggia dei Lanzi, Uffizien; der Ponte Vecchio, die älteste Brücke der Stadt, mit seinen Läden. Weiterhin die Paläste, die Architekturgeschichte schrieben, die der Medici, Strozzi, Pitti, Gondi, Spini. Überall schieben sich einzigartige Details ins Bild des Betrachters: Wappen, Laternen, Fackelhalter, ›kniende Fenster‹, Tore, Arkadenhöfe... Und dann die Gärten: Der Giardino di Boboli vereinigt gleich eine Vielzahl kunstvoll angelegter und üppig ausgestatteter Gärten.

Auf seinem Streifzug durch die Stadt stellt sich dem staunenden Wanderer bald die Frage nach den Ursprüngen dieser in Florenz akkumulierten Pracht, die ja doch eine brisante politische Kraft widerspiegelt. Bereits im 12. Jh. schlossen sich Kaufleute und Handwerker zu Zünften, den *arti*, zusammen. Geschicktes Taktieren, weitreichende Verbindungen und ausgezeichnete Produkte – in erster Linie Wollerzeugnisse – bescherten der Stadt im 13. Jh. eine wirtschaftliche Blütezeit. Bedeutende Geldgeschäfte lagen in den Händen der reichsten Handelsherren, die, nun in ihrer neuen Funktion als Bankiers, selbst Königen hohe Kredite gewähren konnten. Ihr goldener Florin *(fiorino)* besaß Weltgeltung, sie entwickelten sogar die Methode des bargeldlosen Zahlungsverkehrs. Die Zünfte schufen eine Stadtrepublik, das ›Priorat‹. In den Händen der Patrizier lag die Macht. Aufstände der Armen, wie der *ciompi*, der Arbeiter der blühenden Tuchindustrie, wurden niedergeschlagen. Zu den Händler-Bankiers gehörten auch die Medici. Die Bankiers des Papstes schwangen sich im 15. Jh. zu Tyrannen der Stadt auf und waren bald gefürchtet. 1569 avancierten sie schließlich zu toscanischen Großherzögen. Ihre Dynastie stellte zwei Renaissance-Päpste und zwei französische Königinnen. Vergeblich versuchte das Bürgertum, die Republik wieder aufzurichten. Von den blutigen Konflikten zeugen noch heute die Forts und die Quadermauern der Paläste.

Die Uridee der Republik ist in Florenz lebendig: diskutieren…

Dennoch: Es herrschte auch ein Klima, das künstlerische und wissenschaftliche Fortschritte begünstigte – der Mensch wurde zum Maß der Dinge – wie in der Antike: Florenz war die Wiege der Renaissance. »Dieses Jahrhundert hat, wie ein Goldenes Zeitalter, die beinahe erloschenen freien Künste wieder zum Leben erweckt: Grammatik, Poetik, Rhetorik, Malerei, Bildhauerei, Architektur…« So jubelte 1492 der Humanist Marsilio Ficino, der die von Cosimo de' Medici gegründete Platonische Akademie leitete. Die Medici herrschten drei Jahrhunderte lang, mit dem Tod des letzten männlichen Sprosses 1737 endete ihre sagenhafte Vormachtstellung. Die letzte Erbin vermachte alle Kunstschätze dem Staat mit der Auflage, sie dürften Florenz nicht verlassen. So gesehen herrschten viele Dynastien mit weniger Segen.

Glücklich kann sich daher heute schätzen, wer diese Kunstwerke im ›Riesenmuseum‹ Florenz ansehen darf. Das Wichtigste ist im Altstadtkern, der über dem Karree des römischen Straßennetzes entstand, problemlos zu Fuß zu erreichen. Vom Dom im Norden zum Palazzo Vecchio im Süden sind es nur zehn Gehminuten. Der Reiz des Flanierens liegt im kontrastreichen Nebeneinander der Erscheinungsformen, die aus dem tiefen Mittelalter, der Gotik, der Renaissance, dem Barock, dem 19. Jh. und der Gegenwart stammen. So gibt es ein dunkles Gässchen mit dem sprechenden Namen Via del Purgatorio (›Fegefeuer‹), den es von Dante erhalten haben könnte. Es mündet in die Via Vigna Nuova aus dem frühen 13. Jh., an der einst wohl ein Weingarten *(vigna)* gelegen haben mag. Heute ist diese alte Straße eine angesagte Modemeile, in der das Neueste schon morgen Schnee von gestern ist. Oder der Palazzo Strozzi, Inbegriff der Konkurrenzkämpfe, die das Patriziat gespalten haben. Heute ist er Veranstaltungszentrum der Kommune, Hochburg der eleganten Biennale mit ihren

Benvenuti

...ob auf der Piazza oder mit Blick auf den Arno

spektakulären Modeschauen – stets auch ein internationales Ereignis. Die schönsten Modelle finden sich in den Schaufenstern der Via Tornabuoni wieder. Nur einige Schritte sind es bis zur kosmopolitischen Piazza della Repubblica mit ihren Grandhotels, Großbanken und Restaurants: Sie erhielt ihren Namen zu Ehren der Republik, als Italien 1861 vereint und Königreich geworden war. Noch spät wird auf den Terrassen der Piazza getafelt, und man vernimmt Sprachen aus aller Welt.

Durch die Via de' Calzaiuoli, die *via* der mittelalterlichen Strumpfwirker, schreitet am hellichten Tag ein historisch gewandeter Festzug: Gesichter und Kostüme erinnern an ein Fresko von Ghirlandaio. Die hübsch gekleideten Kinder trifft man später im T-Shirt, an Orsanmichele, dem Oratorium der Zünfte, köstliches *gelato* schleckend. Auf den Ringstraßen, wo einst die Stadtmauern verliefen, zollt Florenz der modernen Zivilisation am lautesten Tribut: Hier tost der Autoverkehr, eine viel geschmähte Plage, vor der man in der Altstadt allerdings relativ sicher ist. Doch nirgendwo sieht man rasantere Amazonen auf den *motorini* als hier. 172 000 der 450 000 Einwohner sind berufstätig, und sie scheinen sich alle gleichzeitig motorisiert auf dem Heimweg zu befinden – ganz zu schweigen von den 35 000 Studenten.

Das krasseste Beispiel der Koexistenz der Epochen trifft man oben auf dem Forte di Belvedere an. Auf den Bastionen der Zwingburg, die sich der argwöhnische Ferdinando I. de' Medici bauen ließ, haben hypermoderne zeitgenössische Skulpturen ihren Platz gefunden. Aber der Blick von hier oben auf die Stadt mit der titanischen Domkuppel besitzt Ewigkeitscharakter. Aus dieser Sicht ist Florenz, eingebettet in die blaugrüne toscanische Hügellandschaft und umhüllt von der weichen *sfumatura* des Himmelslichts, wie es die Renaissance-Maler liebten: zeitlos!

Geschichte

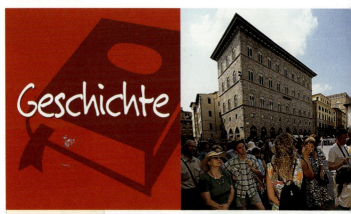

Historie, wo man geht und steht

3. Jh. v. Chr.	Römer gründen die Siedlung Florentia (Florenz).
59 v. Chr.	Julius Caesar verleiht ihr das Stadtrecht.
4. Jh. n Chr.	Florenz wird Bischofsstadt neben Fiesole.
774	Karl der Große errichtet die Markgrafschaft Tuscien.
1183	Barbarossa erkennt die Rechte verschiedener Stadtrepubliken an, u. a. die von Florenz.
ab 1200	Die Kaufleute und Geldwechsler unterhalten bedeutende internationale Geschäftsverbindungen.
1252	Einführung des Goldflorin (*fiorino* = Florentiner).
1293	Der Adel wird auf Betreiben der Zünfte von der Politik ausgeschlossen. Ihre Priori regieren als *Signoria* (›Herrschaft‹).
ab 1300	Florenz hat mehr als 100 000 Einwohner und ist die reichste Stadt Europas, doch zwischen 1342 und 1345 machen viele Banken bankrott.
1348	Der Pest fällt ein Drittel der Einwohnerschaft zum Opfer.
1378–1382	Der Aufstand der *ciompi*, der Wollarbeiter, wird niedergeschlagen. Es geht ihnen um politische Beteiligung und soziale Gerechtigkeit.

Geschichte

1405/1406	Eroberung Pisas – der Weg zum Seehandel ist frei.
1434–1737	Herrschaft der Medici, die als Bankiers der Päpste zu Reichtum gelangten.
1494–1498	Der Mönch Savonarola predigt gegen die Verschwendungssucht der Fürsten und fordert die Reinheit der Sitten. Die Medici werden vertrieben. Als Savonarola 1498 als Ketzer hingerichtet wird, kehren sie zurück.
16. Jh.	1527 werden die Medici nach der Plünderung Roms durch kaiserliche Truppen erneut aus der Stadt vertrieben. Karl V. besetzt Florenz und vertreibt die Republikaner; 1530 setzt er Alessandro de' Medici als Stadtregenten (Erbherzogtum) ein. Dessen Regentschaft ist nur kurz: 1537 wird er von seinem Cousin Lorenzino de' Medici ermordet. Der 18-jährige Cosimo I. errichtet eine stabile Territorialmacht. 1569 wird er von Papst Pius V. als Großherzog bestätigt.
17./18 Jh.	Wirtschaftskrisen, Hungersnöte, Pestepidemien.
1737	Großherzog Gian Gastone stirbt ohne Nachkommen. Seine Schwester, Anna Maria Ludovica, vermacht dem Staat den gesamten Medici-Besitz mit der Auflage, dass alle Kunstschätze in Florenz bleiben müssen. Das Herzogtum fällt an Lothringen; Sozialwesen und Wirtschaft werden reformiert.
1799	Napoleon annektiert die Toscana. Nach dem Wiener Kongress (1814/15) fällt Florenz an Lothringen zurück (bis 1859).
1865–1871	Florenz ist die Hauptstadt des vereinten Italiens.
1944	Deutsche Truppen sprengen die Arnobrücken, allein der Ponte Vecchio wird verschont.
1966	Arno-Hochwasser: jahrzehntelange Restaurierung der Bauten und Kunstwerke.
1982	Die UNESCO erklärt die Altstadt zum Weltkulturerbe.
1997	Die Museen und Hauptsehenswürdigkeiten zählen im Jahr rund 6,5 Mio. Besucher (Uffizien 1,3 Mio.).
1999	Florenz widmet dem jungen Michelangelo eine große Ausstellung.

Gut zu wissen!

Wichtig zu wissen: Dieses Wildschwein bringt Glück!

Achtung vor Dieben: In der Hochsaison nehmen Diebstähle beträchtlich zu. Vorsicht ist insbesondere in der Menge geboten, ob auf der Straße, im Museum oder bei Besichtigungen in der Kirche. Auch im Bus sollte man aufmerksam sein. Und: Im geparkten Auto auf keinen Fall Wertsachen liegen lassen!

Deutschsprachige Zeitungen: Wenn man auch nicht jede deutsche Tageszeitung bekommt, so doch aber auf jeden Fall mehrere deutschsprachige Blätter: in der Halle des Hauptbahnhofs Stazione S. Maria Novella, auf der Piazza della Signoria, der Piazza della Repubblica, dem Domplatz.

Hausnummern: Nicht selten haben Häuser zwei Hausnummern: Geschäfte, Firmen und Restaurants (außerhalb der Reihenfolge) eine rote, Privathäuser eine blaue. Steht keine Farbe zur Verfügung, werden die roten Nummern mit ›r‹ *(rosso)* versehen.

Kleidung: Auf korrekte Kleidung wird auch im Hochsommer Wert gelegt. Das gilt vor allem beim Besuch von Kirchen und Museen. Zum Abendessen pflegt man im besseren Restaurant ein wenig ›zurechtgemacht‹ zu erscheinen; übrigens wird man von der Bedienung zum Tisch geleitet.

Moderne Kunst

In der Stadt der Gotik und Renaissance hat auch die Moderne ihren Platz, so im Museum für den Bildhauer, Maler und Grafiker Marino Marini (1901–80; s. S. 78), für den surrealistischen Maler Salvador Dalí (1904–89; Dalí Museo, Piazza Pitti, 15, Tel. 055 22 15 50, Di–So 10–19 Uhr, Bus B, C, 31, 32) sowie in den Ausstellungen für zeitgenössische Plastik auf dem Forte di Belvedere.

Gut zu wissen

Museen: Die Gruppentarife für Museen sind abgeschafft worden. Schüler- und Studentengruppen aus der EU zahlen jetzt auch den vollen Eintrittspreis für staatliche Museen (z. B. Uffizien, Galleria dell' Accademia, Palazzo Pitti, Cappelle Medicee).

Siesta: Zwischen 13 und 16 Uhr herrscht Siesta, dann haben viele Läden geschlossen, und auch sonst geht das Leben einen etwas langsameren Gang – vernünftig bei den hohen Temperaturen am Mittag. Dafür sind die Geschäfte am Abend bis 20 Uhr geöffnet.

Toiletten: An öffentlichen Toiletten mangelt es. Häufig muss der Benutzer außerdem über einige Mängel hinwegsehen. Papiertaschentücher sollte man auf jeden Fall bei sich haben. Ein Tipp: In den Museen sind die Toiletten in der Regel empfehlenswert, ebenso mit Einschränkungen im Palazzo Vecchio, im Palazzo Pitti und im Hauptbahnhof S. Maria Novella. Für den Besuch der *bagni* oder *gabinetti* sind oftmals 500–1000 ltl. zu zahlen. Wer sich in ein Café flüchtet, von dem wird erwartet, dass er auch etwas konsumiert.

Trinkgeld: Der Restaurantbedienung und Taxifahrern zahlt man ein Trinkgeld in Höhe von 5–10 % der Rechnung.

Unerlaubtes Parken: Verbotsschildern ist größte Aufmerksamkeit zu widmen: Parksünder werden unnachgiebig bestraft und Übertretungen leicht mit einem Bußgeld von 60 000 ltl. geahndet. In bar! Wer kein Bargeld mit sich führt, muss den Führerschein hinterlegen.

Öffnungzeiten

Die Öffnungszeiten unterliegen – so scheint es zumindest dem Besucher – keinen starren Regeln. Die Restaurants sind von 12.30–14.30 und abends von 19.30–22.30 Uhr geöffnet; einmal in der Woche schließen sie, häufig montags. Bars und Cafés haben meist keine geregelten Öffnungszeiten, Cafés sind jedoch oft bis spät abends geöffnet.
Die Geschäfte öffnen montags erst gegen 16/17 Uhr und schließen um 19.30 Uhr; von dienstags bis samstags stehen sie der Kundschaft von 8.30–13 Uhr und 16/17–19/20 Uhr zur Verfügung. Im Sommer schließen manche Geschäfte samstags erst gegen 20 Uhr.
Viele Supermärkte haben Mo 14–20, Di–Sa 7.30–20 Uhr geöffnet. Kleine Geschäfte bleiben im Ferienmonat August oft ganz geschlossen. Dienstzeiten der Banken: sonntags bis freitags 8.20–13.20 und 14.45–15.45 Uhr. Der Bankschalter im Hauptbahnhof S. M. Novella ist außer sonntags im Sommer von 8.20–18.20 und im Winter von 8.20–13.30 und 14.45–16 Uhr dienstbereit.

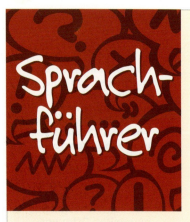

Sprachführer

Zahlen

0	zero	19	diciannove
1	uno	20	venti
2	due	30	trenta
3	tre	40	quaranta
4	quattro	50	cinquanta
5	cinque	60	sessanta
6	sei	70	settanta
7	sette	80	ottanta
8	otto	90	novanta
9	nove	100	cento
10	dieci	101	centuno
11	undici	200	duecento
12	dodici	300	trecento
13	tredici	400	quattrocento
14	quattordici	500	cinquecento
15	quindici	600	seicento
16	sedici	700	settecento
17	diciasette	800	ottocento
18	diciotto	900	novecento

Zahlen von 1000–1 Mrd.

1000	mille
2000	duemila
3000	tremila
10 000	diecimila
100 000	centomila
1 000 000	un milione
1 000 000 000	un miliardo

Zeit

Montag	lunedì
Dienstag	martedì
Mittwoch	mercoledì
Donnerstag	giovedì
Freitag	venerdì
Samstag	sabato
Sonntag	domenica
Feiertag	giorno festivo
Minute	minuto
Stunde	ora
Tag	giorno
Woche	settimana
Monat	mese
Jahr	anno
Frühling	primavera
Sommer	estate
Herbst	autunno
Winter	inverno
heute	oggi
gestern	ieri
vorgestern	l'altro ieri
morgen	domani
übermorgen	dopodomani
morgens	di mattina
mittags	di mezzogiorno
nachmittags	di pomeriggio
abends	di sera
nachts	di notte
vor/nach	prima di/dopo
früh/spät	presto/tardi

Allgemeines

Hallo! (auch Adieu)	Ciao!
Guten Morgen/ Guten Tag	buon giorno
Guten Abend	buona sera
Gute Nacht	buona notte
Auf Wiedersehen	arrivederci
bitte	prego/per favore
danke	grazie
Entschuldigung	scusi
links	a sinistra
rechts	a destra
geradeaus	sempre diritto

Einkaufen

Ausverkauf	saldi
Geschäft	negozio

Sprachführer

Die wichtigsten Sätze

Wie geht es Ihnen/dir?	Come sta/stai?
Bis bald!	A presto!
Sprechen Sie Deutsch/Englisch?	Parla tedesco/inglese?
Haben Sie ein Einzel-/Doppelzimmer frei?	C'è una camera singola/doppia?
Ich möchte ein Zimmer/einen Tisch/einen Platz reservieren.	Vorrei riservare una camera/un tavolo/un posto.
Was kostet es?	Quanto costa?
Die Rechnung, bitte.	Il conto, per favore.
Der Fernseher funktioniert nicht.	Il televisore non funziona.
Wo ist die Straße/der Platz …?	Dov'è la via/la piazza …?
Wo ist eine Apotheke/das Krankenhaus/das Hotel/die Bushaltestelle/der Bahnhof?	Dov'è una famarcia/l'ospedale/l'albergo/la fermata/la stazione?
Wo finde ich ein Telefon/eine Post/ein Taxi?	Dove posso trovare un telefono/una posta/un taxi?
Wo kann ich Zigaretten/Briefmarken/Fahrscheine kaufen?	Dove posso trovare sigarette/francobolli/biglietti?
Wie spät ist es?	Che ora è?

Kleidung	vestiti
Kleidergröße	misura
Kreditkarte	carta di credito
Quittung	ricevuta
Rabatt	sconto
Schuhe	scarpe

Notfälle

Apotheke	farmacia
Arzt	medico
Erste Hilfe	pronto soccorso
Fieber	febbre
Krankenhaus	ospedale
Krankenwagen	ambulanza
Notfall	situazione di emergenza
Schmerzen	dolori
Unfall	incidente
Wunde	ferita
Zahnarzt	dentista

Post

Adresse	indirizzo
Brief	lettera
Briefkasten	buca delle lettere
Briefmarke	francobollo
Postamt	ufficio postale
Postkarte	cartolina
Telefon	telefono
Telefonbuch	elenco telefonico
Telefonkarte	scheda telefonica

Unterkunft

Abfahrt	partenza
Ankunft	arrivo
Aufzug	ascensore
Dusche	doccia
Einzelzimmer	camera singola
Doppelzimmer	camera doppia
mit/ohne Bad	con/senza bagno
Gepäck	bagagli
Handtücher	asciugamani
Pass	passaporto
Personalausweis	carta d'identità
Rechnung	conto/fattura
Rezeption	recezione
Schlüssel	chiave
Übernachtung	pernottamento

Reise-Service

Auskunft

Italienische Fremden-verkehrsämter (ENIT)
... in Deutschland
– Infomaterial-Servicenummer:
0190-79 64 40 (0,12 DM/3 Sek.)
– Karl-Liebknecht-Straße 34
10178 Berlin
Tel. 030/247 83 97,
Fax 030/247 83 99
E-Mail: enit-berlin@t-online.de
– Kaiserstraße 65
60329 Frankfurt/M.
Tel. 069/23 74 30, Fax 23 28 94
E-Mail: enit-ffm@t-online.de
– Goethestraße 20
80336 München
Tel. 089/53 03 60-9,
Fax 53 45 27, E-Mail:
enit-muenchen@t-online.de
... in Österreich
– Infomaterial-Servicenummer:
Tel. 0900-400 646 (21 öS./Min.)
– Kärntnerring 4
1010 Wien
Tel. 01/505 16 39-0, 505 16 39-12
Fax 01/505 02 48
delegation.wien@enit.at
... in der Schweiz
– Infomaterial-Servicenummer:
Tel. 0906-90 00 30 (2,13 sFr./Min.)
– Uraniastraße 32
8001 Zürich
Tel. 01/211 30 31, Fax 211 38 85
enit@bluewin.ch

... im Internet
www.enit.it Homepage der ENIT
(Ital., Engl., Deutsch)
www.turismo.toscana.it Aktuelle
Infos, Veranstaltungen, Hotels,
touristische Werbung (in Engl.)
www.fionline.it Florenz (Firenze)
online, inkl. Hotelresevierung in
Engl.
Weitere Informationen auch über
die ›Reiselinks‹ bei
www.dumontverlag.de

Informationen vor Ort

Fremdenverkehrsamt (APT)
– Ufficio Informazione Turistiche
Via Manzoni, 16 (H 4)
Tel. 05 52 34 62 84
Fax 05 52 34 62 86
Mo–Sa 8.30–13.30 Uhr
E-Mail:
info@firenze.turismo.toscana.it
– Zentrale (inkl. Provinz)
Via Cavour, 1r (F 3)
Tel. 05 52 90 83 23
Fax 05 52 76 03 83
Im Sommer: Mo–Sa 8.15–19.15,
So 8.15–13.45 Uhr;
im Winter: Mo–Sa 8.15–14.45 Uhr
Kommunale Info-Büros
– Piazza Stazione
am Busbahnhof (D 3/4)
Tel. 055 21 22 45
Fax 05 52 38 12 26
Tgl. 8.15–19.15 Uhr
– Borgo S. Croce, 29r
bei der Piazza S. Croce (G 5)
Tel. 05 52 34 04 44
**Consorzio Informazioni
Turistiche Alberghiere**
im Hauptbahnhof
S. Maria Novella (D 3)
Tel. 055 28 28 93
Tgl. 8.30–21 Uhr
Zimmervermittlung, nur direkt im
Büro, nicht telefonisch.
SOS Turista
Via Cavour 15 (F 3)
Tel. 05 52 76 03 82
April bis Okt., 10–13, 15–18 Uhr
Notruf für Touristen.

Reisezeit

Für Kunstreisen hat Florenz das ganze Jahr Saison. Doch sollte man beachten, dass im Juni/Juli die Besucherzahlen stark ansteigen; auch ist der Sommer meist heiß und schwül. Die Durch-

Reise-Service

schnittstemperatur liegt im Juli und August um 30 °C. Im August sind etliche Restaurants und Geschäfte geschlossen – *ferragosto*, Ferien. Die von der Temperatur her angenehmsten Monate sind Mai, September und Oktober. Wer in erster Linie wegen der Museen kommt, der findet hier im Winter Muße. Allerdings erreicht das Quecksilber im Dezember und Januar nur 8 oder 9 °C, im Februar 10 °C und im März 14 °C. Ein Tipp: Am schönsten ist Florenz im Frühling.

Einreise

Bei der Einreise nach Italien genügt für Deutsche, Schweizer und Österreicher ein gültiger Personalausweis oder Reisepass. Autofahrer benötigen auch den nationalen Führerschein (neue EU-Ausgabe empfohlen!) und den Kfz-Schein; sie sollten die Grüne Versicherungskarte mit sich führen.

Zollbestimmungen: Waren des persönlichen Gebrauchs unterliegen in der EU keinen Einfuhrbeschränkungen. Eine Ausnahme bilden zollfrei eingekaufte Waren. Bürger aus Nicht-EU-Ländern dürfen zollfrei einführen: 400 Zigaretten oder 200 Zigarillos oder 500 g Tabak; 1 l Spirituosen oder 2 l Wein; 50 g Parfüm.

Anreise

Mit dem Flugzeug

Florenz wird von Frankfurt/M., München, Stuttgart und Wien direkt angeflogen. Weitere Verbindungen gibt es via Mailand.

Flughäfen

Amerigo Vespucci
Der Verkehrsflughafen in Florenz-Peretola liegt nur 6 km vom Stadtzentrum entfernt. Mit dem SITA-Bus gelangt man für 6000 Itl. nach Florenz-Stadtmitte, der Linienbus der ATAF kostet 1500 Itl. Information: Tel. 055 37 34 98.

Galileo Galilei
Der internationale Flughafen befindet sich in Pisa. Er wird von den meisten europäischen Flughäfen angeflogen. Von hier erreicht man per Bahn oder Bus den Florentiner Hauptbahnhof in einer knappen Stunde. SITA-Bus: Erw. 20 000 Itl., Ki. (2–4 Jahre) 10 000 Itl.

Mit der Bahn

Direkte Bahnverbindungen nach Florenz gibt es u. a. von Köln, Mannheim, München, Basel, Zürich, Innsbruck und Wien. Die Angebote schließen auch Schlaf-, Liegewagen und Autoreisezüge ein.

Der **Zentralbahnhof, Stazione S. Maria Novella** (D 3), liegt direkt im Stadtzentrum. Mit leichtem Gepäck kann man z. B. bequem zum Domplatz spazieren.

Zugauskunft:
Tel. 147-88 80 88.
Gepäck-Service:
Tel. 055 21 23 19.
Direkt neben dem Zentralbahnhof liegen die **Haupttaxistation** und der **Busbahnhof.** Für Busfahrten löst man vorher am Busbahnhof oder im *tabacchi* (Zigaretten- und Zeitungskiosk) ein Ticket.

Mit dem Auto

Wer Zeit sparend anreisen möchte, nimmt die Autobahn. Für die Autobahnbenutzung in Österreich und in der Schweiz benötigt man

Reise-Service

eine Vignette, die unterwegs erworben werden kann. Auch die italienische Autostrada kostet **Gebühren,** zu zahlen an der Mautstelle bei der Ausfahrt. Vom Brenner bis Florenz muss man rund 43 000 Itl. berappen. Autofahrer reisen von Deutschland aus gewöhnlich über den Brenner Richtung Verona–Bologna oder den Gotthard-Tunnel Richtung Como–Mailand an. Von Bologna nimmt man die Autostrada del Sole (A 1).

Die **Richtgeschwindigkeit** für Pkw auf der Autobahn beträgt 130, Schnellstraße 110 und Landstraße 90 km/h. **Autobahnausfahrten in Florenz:** Firenze Nord für Zentrum und Norden, Firenze Sud oder Firenze Certosa für den südlichen Stadtbereich.
Parken: Das eigene Auto wird im Zentrum von Florenz zum Problem, sobald man es parken muss. Mo–Fr ist der Innenstadtbereich *(zona blu)* von 7.30–19.30 Uhr gesperrt. Park- und Garagenplätze der Hotels können pro Nacht bis zu 20 000–40 000 Itl. kosten. Auf bewachten Parkplätzen in der Altstadt muss man pro Stunde 2000–3000 Itl. zahlen. **Abgeschleppte Fahrzeuge:** Deposito Comunale, Via dell' Arcovato 6.

Öffentlicher Nahverkehr

Mit dem Bus

Busbahnhof der **SITA** (D 3/4): Via S. Catarina da Siena (nach Siena, San Gimignano, Volterra und in Orte des Chianti-Gebiets), von **LAZZI** (D 3): Piazza Adua (Orte westlich von Florenz: Prato, Montecatini, Lucca, Pisa).

Um den archäologisch wertvollen Untergrund zu erhalten, hat Florenz auf den Bau einer U-Bahn verzichtet. Dem Nahverkehr dient ein Netz von Buslinien, die allerdings das historische Zentrum weitgehend umfahren. Umbenennungen und Verlegungen der Linien sind möglich, wenn etwa bei Straßenbauarbeiten auch Archäologen tätig werden müssen.

Die Busse fahren auf Extraspuren und kommen schnell durch den Verkehr. Der Faltplan ›Firenze Bus‹ mit den aktuellen städtischen Buslinien und denen angeschlossener Gemeinden ist an Zeitungskiosken zum Preis von 8000 Itl. erhältlich (nicht beim Fremdenverkehrsamt zu bekommen). Auskünfte erteilt das städtische Busunternehmen ATAF am Hauptbahnhof: Tel. 05 55 65 02 22.

Bustickets bekommt man in den durch ein ›T‹ gekennzeichneten *tabacchi* oder Zeitungskiosken, die durch ein Label mit der Aufschrift ›Biglietti e abbonamenti ATAF‹ gekennzeichnet sind.

Die einfache Fahrt mit dem *biglietto ordinario* kostet 1500 Itl. Ein 4-Fahrten-Block, *biglietto multiplo da quarto corse,* 5800 Itl. Der Fahrschein ist auf allen Linien auch als Umsteigekarte zu benutzen. **Achtung:** Die Tickets sind erst nach dem Entwerten zu Beginn der Fahrt für 60 Min. gültig. Ein 3 Std. gültiges Ticket, *biglietto a tre ore,* mit dem man unbegrenzt weit fahren kann, kostet 2500 Itl.

Nachtfahrten von 21–6 Uhr sind beim Fahrer zu bezahlen, sie kosten 3000 Itl. Bus Nr. 70 fährt stündlich von der Stazione S. Maria Novella kreisförmig durch die Stadt und hält auch an der Stazione Campo di Marte (Nachtzüge).

Reise-Service

Mit dem Taxi

Das Taxi wird gewöhnlich vom Hotel bestellt, oder man ruft selbst ein **Funktaxi**.
Radio Taxi Sacota/ Radio Taxi Cotafi: Tel. 4242, 4798, 4390.
Taxistände finden sich an allen wichtigen Plätzen, so am Hauptbahnhof, am Domplatz und an der Piazza della Repubblica. Die Gepäckmitnahme kostet extra. Grundpreis: 4400 + 1440 Itl./km (Minimum 7100 Itl.). Auch für Nachtfahrten von 22–6 Uhr wird ein Zuschlag erhoben: Mo–Fr 5100, So 8200 Itl.

Mit dem Leihwagen

Die großen Verleihfirmen besitzen alle Filialen an den Flughäfen.
Preisbeispiele:
Kleinwagen ab 170 000, Mittelklassewagen ab 230 000 Itl./Tag.
Avis
Borgo Ognissanti, 128r
Tel. 05 52 39 88 26, 055 21 36 29
Hertz
Via Finiguerra, 33r
Tel. 055 28 22 60
Maggiore
Via Finiguerra, 31r
Tel. 055 29 45 78
Maggiore vermittelt Leihwagen mit mehrsprachigen Fahrern.
Autonoleggio Noci-Molli
Via B. Cristofori, 10/b
Tel. 055 35 55 52,
Fax 055 35 55 62
Motorroller
Die kleinen Flitzer sind im florentinischen Straßenbild allgegenwärtig. Weniger üblich sind Fahrräder. Wer sich auf ein Zweirad wagt, sollte ein geübter Fahrer sein.
Motorent
Via S. Zanobi, 9r
Tel. 055 49 01 13

Florenz by Bike
Via della Scala, 12r
Tel. 055 26 40 35

Stadtrundfahrten und Ausflüge

Informationen und Vermittlung bei den Filialen des Fremdenverkehrsamtes.

Führungen

Der Preis für dreistündige Gruppenführungen (max. 20 Personen) liegt bei etwa 140 000 Itl., genaue Preisabsprache vor der Abfahrt zu empfehlen.
A. G. T. Guide Turistiche
Via Calimala 2 (E 4/5)
Tel. 05 52 30 22 83
Fax 05 52 38 27 90
Ufficio guide turistiche
Cooperativa Giotto
Viale Gramsci, 9a (H 4)
Tel. 05 52 47 81 88

Behinderte

Das Bemühen, die Stadt für Behinderte freundlicher zu gestalten, trägt noch wenig Früchte. Die nach staatlichen Richtlinien geeigneten Hotels sind in dem kostenlosen Unterkunftsverzeichnis »Firenze, Guida all' ospitalità« ausgewiesen (zu erhalten bei: APT, Via Manzoni, 16, 50121 Firenze, Tel. 05 52 33 20, Fax 05 52 34 62 85).

Geeignete Restaurants, die in der Nähe liegen, sollte man sich von seinem Hotel empfehlen lassen. In letzter Zeit bemühen sich auch die Museen, einen behindertengerechten Zugang etc. zu schaffen.

Zu Gast

Aus welchen Gründen man auch immer nach Florenz reist: Den Kunstsammlungen, den Palästen der Medici, den überreich ausstaffierten Museen wird man die Reverenz erweisen. Doch Florenz ist auch ein Zentrum der Kultur, des Handels, der Kongresse, zudem eine vorzügliche Einkaufsmetropole. Dem Gast steht ein breites Spektrum an Hotels und Restau-

in Florenz

ants zur Verfügung – von rustikal bis luxuriös. Dieser Reiseführer zur »Stadt der Medici« gibt Ihnen Tipps und ausgewählte Adressen an die Hand. Die große Extra-Karte erleichtert die Orientierung, denn alle Einträge sind mit einer Gitternetzangabe versehen. Und wer Florenz auf anregenden Wegen durchstreifen möchte, folge den Extra-Touren.

Hotels

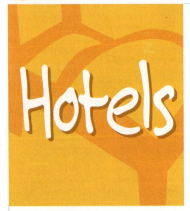

Florenz ist eine Reise wert. Den gleichen Gedanken scheinen etwa 2 Mio. Besucher im Jahr zu haben. Wen wundert es da, dass in der stets gedrängt vollen oder doch zumindest gut besuchten Stadt eine Hotelreservierung im Voraus anzuraten ist, insbesondere, wenn man ein bestimmtes Hotel im Auge hat. Der Service in den Häusern ist gewöhnlich zufrieden stellend bis gut, in kleineren Häusern nicht selten familiär – der Gast fühlt sich wohl.

Das Frühstück, das bis 10 Uhr eingenommen werden sollte, ist häufig nicht im Übernachtungspreis enthalten und unverhältnismäßig teuer. Wird kein Frühstücksbuffet angeboten, empfiehlt sich der Besuch in einer der zahlreichen kleinen Bars oder in einem Stehcafé. Hier bekommt man ein leckeres italienisches Frühstück zu moderaten Preisen.

Nicht einmal alle Luxushotels sind behindertengerecht eingerichtet, Information im Voraus (s. auch S. 19) tut Not.

Wer mit dem Auto anreist, sollte sich vorab beim Hotel nach Parkmöglichkeiten – nicht selten eine Geldfrage – erkundigen. Die Gebühren liegen zwischen 20 000 und etwa 40 000 ltl. pro Nacht auf einem Stellplatz oder in einem Parkhaus in der Nähe des Hotels.

Die Hotelrechnung kann im Allgemeinen mit Kreditkarten bezahlt werden, die gängigsten sind Visa, American Express und Euro Card. Euroschecks werden nur bis zu einem Maximum von 250 000 ltl. angenommen. Reklamationen bezüglich der Preise sind zu richten an den Verband **Servizio Turismo della Provincia:**
Via Cavour, 37, 50129 Florenz
Tel. 055 29 30 50.

Hotelauskünfte
Azienda di Promozione Turistica Firenze (nur schriftlich)
Via Manzoni, 16
50121 Florenz
Fax 05 52 34 62 86
Azienda di Promozione Turistica Firenze, Provincia di Firenze, Commune di Firenze
Via Cavour, 1r
Tel. 055 29 08 32/33
Fax 05 52 76 03 83

Günstig

Belletini (E 4)
Via dei Conti, 7
Tel. 055 21 35 61
Fax 055 28 35 51
www.firenze.net/hotelbellettini
Bus 11, 17
DZ 170 000–200 000 ltl. Ein überaus freundliches, kleineres Hotel im quirligen San Lorenzo. Die 27 Zimmer sind einfach, doch klimatisiert und im florentinischen Stil eingerichtet. Das Frühstück ist großzügig; es gibt eine Bar und ein nettes Restaurant. Zusätzlicher Service: ein Babysitter-Dienst.

Casci (F 3)
Via Cavour, 13

Hotels

Günstig	**Doppelzimmer (DZ) 90 000 bis 200 000 ltl. (47–104 €)**
	Einzelzimmer (EZ) 55 000 bis 130 000 ltl. (29–68 €)
Moderat	**Doppelzimmer 200 000 bis 330 000 ltl. (104–172 €)**
	Einzelzimmer 130 000 bis 190 000 ltl. (68–99 €)
Teuer	**Doppelzimmer 330 000 bis 500 000 ltl. (172–260 €)**
	Einzelzimmer 190 000 bis 430 000 ltl. (99–224 €)
Luxus	**Doppelzimmer ab 500 000 ltl. (260 €)**
	Einzelzimmer 430 000 bis 600 000 ltl. (224–312 €)

Die Preise beziehen sich auf 2000/2001.
Die Preise für EZ sind in der Regel 30–50 % günstiger.

Tel. 055 21 16 86
Fax 05 52 39 64 61
www.hotelcasci.com
Bus 1, 11, 17
EZ 160 000, DZ 220 000 ltl. Das Hotel – einst Palast des Komponisten Giacomo Rossini – zeichnet sich durch seine Innengestaltung aus und besticht nicht zuletzt durch seine familiäre Atmosphäre. Die 25 Zimmer sind modern ausgestattet. Doppelfenster zur lauten Via Cavour schützen die vorderen Räume vor Lärm. Den Speisesaal schmücken Deckenmalereien.

Crocini (C 4)

Corso Italia, 28
(beim Teatro Comunale)
Tel. 055 21 29 05
Fax 055 21 01 71
http://hotel.crocini.com
Bus B, 1, 9, 10, 12, 26, 27
(Station Ponte della Vittoria)
DZ 180 000 ltl. Mittelgroßes Stadthotel unter freundlicher Leitung. Die einfach ausgestatten Zimmer sind ruhig. Großer Frühstücksraum zum grünen Innenhof. Parkplatz.

Dante (G 5)

Via S. Cristofano, 2
Tel. 055 24 17 72
Fax 05 52 34 58 19
E-Mail: faxadm@venere.it
Bus 14
DZ 200 000–220 000 ltl. Das Drei-Sterne-Hotel befindet sich in einer stillen Straße des S. Croce-Viertels. Es vereint florentinische Tradition mit modernem Komfort, die Zimmer sind klimatisiert. Seit eh und je Anziehungspunkt von Künstlern.

Firenze (F 4/5)

Piazza dei Donati, 4/Via del Corso
Tel. 055 21 42 03
Fax 055 21 23 70
Bus 14, 23
EZ 100 000, DZ 150 000 ltl.
(keine Kreditkarten)
Das renovierte Hotel ist relativ preisgünstig, einfach und zentral gelegen. Es ist ordentlich und sauber, alle 60 Zimmer mit Bad. Überwiegend junges Publikum. Behindertengerecht.

Liana (H 3)

Via Vittorio Alfieri, 18
Tel. 055 24 53 03
Fax 05 52 34 45 95
www.venere.it/firenze/liana
Bus 8, 80 (Piazza Donatello)
DZ 180 000–280 000 ltl. Das ruhige Hotel (behindertengerecht)

Hotels

Nach einem anstrengenden Besichtigungstag kann man auf der Terrasse des Beacci Tornabuoni wunderbar entspannen

liegt in der Nähe der grünen Piazza M. d'Azeglio. In dem Jugendstilgebäude war einst die britische Botschaft untergebracht. Reizender kleiner Garten; solides Frühstück. Autofahrer können auf der Piazza Donatello parken.

Locanda Orchidea (F 4)
Borgo degli Albizi, 11
Tel./Fax 05 52 48 03 46
Bus B, 14
DZ 90 000 ltl. (Keine Kreditkarten.) Ein Hotel für das kleine Budget in Domnähe. In dem einstigen Palast wurde Dantes Frau Gemma geboren. Freundlicher, italienisch-englischer Familienbetrieb. Die Zimmer zur Straße sind ziemlich laut. Etagenbad.

San Lorenzo (E 3)
Via Rosina, 4
Tel. 055 28 49 25
Fax 055 28 49 25
www.fionline.it/sanlorenzo
Bus 10, 12, 25
DZ 130 000–150 000 ltl. Das kleine, freundliche Familienhotel liegt in der urbanen Nachbarschaft des Mercato Centrale. Bis zur Markt-Piazza, zur Kirche San Lorenzo und in die Altstadt sind es nur wenige Schritte, und den Hauptbahnhof kann man mit leichtem Gepäck bequem zu Fuß erreichen. Nicht alle der sonst gut ausgestatteten Zimmer besitzen ein Bad. Gutes Frühstück.

Moderat

Aldini (E 4)
Via de' Calzaiuoli, 13
Tel. 055 21 47 52
Fax 055 29 16 21
www.pronet.it/hotelaldini
Busse vom Domplatz oder Hauptbahnhof, u. a. die Linie 10
DZ 240 000 ltl. Das Zwei-Sterne-Haus liegt angenehm zentral an der bekannten Fußgänger-Magistrale Via de' Calzaiuoli, direkt beim

Hotels

Domplatz. Freundliche Atmosphäre, doch karges Frühstück.

Annalena (C/D 6)
Via Romana, 34
Tel. 055 22 90 00
Fax 055 22 24 03
www.hotelannalena.it
Bus 11, 36, 37
DZ 280 000 ltl. Die moderne Pension beim Palazzo Pitti und den Boboli-Gärten war einst ein Medici-Palast (15. Jh.) – und von der noblen Vergangenheit konnte so manches bewahrt werden. Die Zimmer sind mit antiken Möbeln ausgestattet (einige mit Palastgartenblick). Parkplatz.

Aprile (D 4)
Via della Scala, 6
Tel. 055 21 62 37
Fax 055 28 09 47
Bus 7, 10, 12, 25, 31, 32 (Piazza S. Maria Novella)
EZ 190 000, DZ 280 000 ltl. Das Hotel in der Nähe des Hauptbahnhofs ist von ›nobler Herkunft‹: Es wurde in einem Medici-Palast (1470) eingerichtet. Einige der Räume besitzen noch Stuckdekor aus der Renaissance. Im Sommer erfreut der schattige Garten.

Beacci Tornabuoni (E 5)
Via Tornabuoni, 3
Tel. 055 21 26 45
Fax 055 28 35 94
www.bhotel.it
Bus 6, 22, 31, 32, 61
EZ 240 000, DZ 360 000 ltl. In der eleganten Einkaufsstraße zu wohnen kann eine Versuchung sein. Doch das elegante, familiär geführte Hotel bietet auch andere Vorzüge, z. B. ein eigenes, gutes Restaurant. Die Zimmer sind klimatisiert. Frühstück auf der Dachterrasse. Behindertengerecht.

Calzaiuoli (E 5)
Via de' Calzaiuoli, 6
Tel. 055 21 24 56
Fax 055 26 83 10
www.calzaiuoli.it
Busse vom Domplatz oder Hauptbahnhof, u. a. die Linie 10
DZ 360 000 ltl. Das komfortable Stadthotel liegt direkt an der belebten Fußgängerachse. Von der obersten Etage genießt man einen herrlichen Blick über die Dächer. Die Zimmer sind klimatisiert. Der Bequemlichkeit dient auch das eigene Restaurant.

Cavour (F 5)
Via del Proconsolo, 3
Tel. 055 28 24 61
Fax 055 21 89 55
Bus 14, 23, 71
DZ 320 000 ltl. Der Palazzo (14. Jh.) liegt an der Straße zwischen Dom und Bargello, also ideal für Besichtigungstouren. Die im klassischen Stil eingerichteten Zimmer sind behaglich und ruhig. Zum modernen Komfort gehören Klimaanlagen und ein gutes Restaurant. Außergewöhnlicher Blick vom mittelalterlichen Turm über die Altstadt. Behindertengerecht.

Classic (E 8)
Viale Machiavelli, 25
Tel. 055 22 93 51
Fax 055 22 93 53
Bus 12, 13
DZ 220 000 ltl. Das Drei-Sterne-Hotel mit 21 Zimmern ist in einer Villa des 18. Jh. untergebracht. Es befindet sich südlich der Boboli-Gärten. Die Zimmer sind geschmackvoll-elegant eingerichtet. Das Haus wird mit Sorgfalt geführt und besitzt einen schönen Garten mit Terrasse. Parkplatz.

Il Guelfo Bianco (F 3)
Via Cavour, 57r

Hotels

Tel. 055 28 83 30
Fax 055 29 52 03
Bus 1, 11, 17
DZ 360 000 ltl. Das kürzlich renovierte Hotel in einem Palazzo (16. Jh.) beim Dom ist ein Favorit junger Reisender. Die klimatisierten Zimmer sind geschmackvoll und bequem eingerichtet. Schalldichte Fenster schützen vor Straßenlärm. Nette Innenhöfe. Guter Service. Behindertengerecht.

Loggiato dei Serviti (F 3)
Piazza SS. Annunziata, 3
Tel. 055 28 95 92
Fax 055 28 95 95
www.venere.it/firenze/loggiatoserviti
Bus 6, 31, 32
DZ 350 000 ltl. Das bezaubernde kleine Hotel liegt an einem der architektonisch schönsten Plätze der Stadt, der nun wieder den Fußgängern gehört. In dem Renaissancegebäude war im 16. Jh. das Servitenkloster untergebracht. Die klimatisierten, geschmackvoll mit Antiquitäten eingerichteten Zimmer sind komfortabel. Das üppige Frühstück (nicht im Zimmerpreis) wird in einem Raum mit Gewölbedecken eingenommen.

Silla (F 6)
Via de' Renai, 5, Oltrano
Tel. 05 52 34 28 88
Fax 05 52 34 14 37
www.tiscalinet.it/hotelsilla
Bus B, C, 12, 13, 23
190 000–260 000 ltl. Der Palazzo (16. Jh.) mit dem Flair vergangener Zeiten bietet höchsten Komfort. Die sehr sauberen Zimmer sind im traditionellen Stil eingerichtet. Das Hotel liegt beim Ponte alle Grazie. Von der großen Frühstücksterrasse genießt man daher einen schönen Panoramablick über den Arno auf die Altstadt.

Villa Azalee (außerh.)
Viale Fratelli Rosselli, 44
Tel. 055 21 42 42
Fax 055 26 82 64
Bus 1, 9, 17, 26, 27, 29, 30, 35
DZ 290 000 ltl.
Der Name kommt nicht von ungefähr: Im Garten der Villa (19. Jh.) blühen Azaleen – und Kamelien. Das Drei-Sterne-Hotel, ein Familienbetrieb, zeichnet sich durch viel Charme und guten Service aus. Die Komfortzimmer sind klimatisiert. Behindertengerecht.

Villa Belvedere (außerh.)
Via Benedetto Castelli, 3
Tel. 055 22 25 01
Fax 055 22 31 63
Kein Bus
DZ 300 000–340 000 ltl.
Das Vier-Sterne-Haus ist von einem gepflegten Garten umgeben. Einige der eleganten Komfortzimmer bieten einen weiten Blick über die Hügellandschaft zur Stadt. Im Restaurant werden leichte Mahlzeiten serviert. Zur Ausstattung gehören Pool, Tennis- und Parkplatz. Das Hotel liegt ca. 2 km vom Ponte Vecchio entfernt (an den Boboli-Gärten vorbei, dann Viale del Poggio Imperiale einschlagen).

Teuer

Berchielli (E 5)
Lungarno Acciaiuoli, 14/
Piazza del Limbo, 6
Tel. 055 26 40 61
Fax 055 21 86 36
www.berchielli.it
Bus B (Ponte Vecchio)
DZ 520 000 ltl. Das traditionsreiche und doch moderne Hotel mit Dachgarten liegt direkt am Arno, so dass viele Zimmer einen schönen Ausblick bieten. Den Grundstock des komfortablen Hauses

Hotels

(76 Zimmer) bilden drei Paläste des 14. Jh. Gutes Preis-Leistungs-Verhältnis. Behindertengerecht.

Brunelleschi (F 4)
Piazza S. Elisabetta, 3
Via de' Calzaiuoli
Tel. 05 52 73 71
Fax 05 52 19 653
www.hotelbrunelleschi.it
Busse zum Dom
DZ 530 000 Itl. Das ruhige, großzügig ausgestattete Hotel (95 Zimmer) liegt an einem kleinen Platz nahe beim Dom. Der byzantinische Turm, der einst auch als Gefängnis diente, soll zu den ältesten erhaltenen Bauten von Florenz gehören. Das gut geführte Hotel bietet allen Komfort eines Vier-Sterne-Hauses. Von den Suiten des Penthouse und der Aussichtsterrasse genießt man einen Rundblick über die Stadt. Im Keller befindet sich ein Museum mit Fundstücken, die beim Bau im Boden entdeckt wurden.

J and J (G 4)
Via di Mezzo, 20
bei der Piazza de' Ciompi
Tel. 055 26 31 21
Fax 055 24 02 82
www.jandjhotel.com
Bus C
DZ 700 000 Itl. Das in einer ruhigen Altstadtstraße gelegene Hotel richtete ein begabter Architekt in einem Kloster aus dem 16. Jh. ein. Der ehrwürdigen Bausubstanz und dem schicken Interieur verdankt es seinen Charme, den eleganten Gästen eine internationale Atmosphäre. Die Zimmer sind individuell und komfortabel ausgestattet.

Lungarno (E 5)
Borgo S. Jacopo, 14, Oltrano
beim Ponte Vecchio
Tel. 05 52 72 61
Fax 055 26 84 37
www.lungarnohotels.com
Bus B, C, 31, 32
EZ 390 000, DZ 630 000 Itl. Große Panoramascheiben zum Fluss und die geringe Entfernung zum Ponte Vecchio allein machen das Hotel schon attraktiv. Aber es bietet überdies elegante und komfortable Zimmer. Bemerkenswert die alten Möbel und die Bilder moderner Künstler. Aufmerksam: die vielen Blumen. Zuvorkommender Service.

Monna Lisa (G 4)
Borgo Pinti, 27
Tel. 05 52 47 97 51
Fax 05 52 47 97 55
www.monnalisa.it
Bus 14, 23
DZ 570 000 Itl. Hinter der schlichten Renaissancefassade des 30-Zimmer-Hauses überrascht die stilvolle Einrichtung mit kostbaren alten Bildern und Skulpturen. Die ruhigsten Zimmer liegen zum Hofgarten, in dem man frühstückt. Eigener Parkplatz. Nur wenige Gehminuten zum Dom.

Principe (C 4)
Lungarno Vespucci, 34
Tel. 055 28 48 48
Fax 055 28 34 58
www.hotelprincipe.com
Bus B
DZ 470 000 Itl. Das mit der Front zum Arno gelegene Haus verfügt über einige begehrte Zimmer mit Aussicht. Ausgestattet mit allen Vier-Sterne-Vorzügen, besitzt das Hotel mit Garten den Charme vergangener Zeiten.

Torre di Bellosguardo (B 6)
Via Roti Michelozzi, 2
2,5 km südlich von Florenz
Tel. 05 52 29 81 45
Fax 055 22 90 08
E-Mail: miam@dada.it

Hotels

keine Busverbindung
DZ 480 000 ltl. Die reizvolle Renaissancevilla mit ›schönem Blick‹ auf die weite Stadtlandschaft erhebt sich auf einem romantischen Südhügel mit Parkcharakter. Im weitläufigen Garten mit Pool sind auch heiße Sommertage angenehm. Gastlich und ruhig, Parkplatz.

Luxus

Grand Hotel (D 4)
Piazza Ognissanti, 1
Tel. 055 27 16
Fax 055 21 74 00
www.starwood.com
Bus B, C, 9
DZ 900 000–1 400 000 ltl. Direkt gegenüber dem Excelsior befindet sich dieses bei Reichen und Berühmten beliebte Nobelhotel (170 Zimmer). Kostbare Ausstattung von der weiten Halle mit der Glasdecke aus dem 15. Jh. bis zu den mit Fresken geschmückten Zimmern, von denen besonders begehrte einen Ausblick auf den Arno bieten. Das Haus liegt in der Nähe der eleganten Einkaufsstraßen und auch der Hauptsehenswürdigkeiten. Behindertengerecht. Frühstück 85 000 ltl.

Helvetia & Bristol (E 4)
Via dei Pescioni, 2
Tel. 055 28 78 14
Fax 055 28 83 53
www.charminghotels.it
Bus 6, 22, 31, 32, 36
DZ 950 000 ltl. Das Traditionshotel beim Palazzo Strozzi gilt vielen als das schönste und geschmackvollste der Innenstadt. Trotz seiner kostbaren Einrichtung im altenglischen Stil wirkt es nicht überladen. Schöner Wintergarten und gutes Restaurant. Im Gästebuch finden sich u. a. D'Annunzio, de Chirico und Gary Cooper.

Regency (H3/4)
Piazza Massimo d'Azeglio, 3
Tel. 055 24 52 47
Fax 05 52 34 67 35
www.regency-hotel.com
Bus 6, 23, 31
DZ 860 000 ltl. Das noble Haus entstand, als Florenz nach der italienischen Vereinigung die Kapitale des neuen Staates wurde. Die Zimmer sind stilvoll und mit höchstem Komfort ausgestattet. Zum Hotel gehört eines der besten Gourmet-Restaurants der Stadt.

Villa S. Michele (s. Stadtplan Fiesole)
Via Doccia, 4, Fiesole
Tel. 05 55 67 82 00
Fax 05 55 67 82 50
www.orient-expresshotels.com
Bus 7
DZ 2 400 000 ltl. Das Nobelhotel liegt auf halber Höhe des Hügels La Doccia vor Fiesole. Einst ein Kloster, das z. T. Michelangelo entworfen hat, bietet die Villa einen schönen Garten, ein beliebtes Restaurant, Pool und Parkplatz. Schöner Blick auf das Tal von Florenz.

Apartments

Palazzo Antellesi (F 5)
Piazza S. Croce
Tel. 055 24 44 56
Fax 05 52 34 55 52
Bus 23
Büro: Mo–Fr 9–12, 15–19 Uhr
Keine Kreditkarten
In diesem Palast werden 13 schön möblierte Apartments für drei bis sechs Personen vermietet. Monatspreis für ein Apartment mit einem Schlafzimmer: 3960 US-$,

Hotels

für eins mit drei Schlafzimmern: ca. 8800 US-$ (in der Hauptsaison).

Firenze and abroad (F 3)
Via S. Zanobi, 58
Tel. 055 48 70 04
Büro: Mo–Fr 10–12.30, 15–18.30 Uhr
keine Kreditkarten
Ferienwohnungen in der Stadt: 1,5 bis ca. 5 Mio. Itl. im Monat.

Jugendherbergen

Ostello Archi Rossi (E 3)
Via Faenza, 94r
Tel. 055 29 08 04
Fax 055 230 26 01
Bus: 7, 10, 12, 25, 31, 32, 37, S. Maria Novella
Übernachtung ab 27 000 Itl. pro Person, keine Kreditkarten
Frühstück: ab 3000 Itl., Abendessen: ab 12 000 Itl.
Die neue, gut ausgestattete Jugendherberge liegt nur fünf Minuten zu Fuß vom Hauptbahnhof entfernt. Die meisten Zimmer sind geräumig und hell, manche verfügen über ein eigenes Bad. An der Rückseite des Ostello gibt es eine große Terrasse und ein Restaurant.

Ostello S. Monaca (D 5)
Via S. Monaca, 6, Oltrano
Tel. 055 26 83 38
Fax 055 28 01 85
Bus 11, 36, 37, Station Carmine oder S. Spirito
Übernachtung: 25 000 Itl./ Person, Keine Kreditkarten
Die Jugendherberge liegt im Szeneviertel S. Spirito. Das etwas düstere Gebäude aus dem 15. Jh. beherbergte einst ein Kloster. Kochgelegenheiten, TV-Raum und Waschmaschine gehören zu den Vorzügen.

Mal etwas anderes: unter Olivenbäumen speisen und den wunderbaren Blick auf Florenz genießen – Camping Michelangelo

Pensionate Pio X (D 5)
Via de' Seraggli, 106
Tel. 055 22 50 44
Übernachtung: 25 000 Itl./Person
Keine Kreditkarten
Bus 11, 36, 37
Diese staatliche Pension ist nicht teurer als eine Jugendherberge – und dennoch angenehmer und sehr ruhig. Die zumeist mit drei oder vier Betten ausgestatteten Räume sind schlicht, aber freundlich. Netter Aufenthaltsraum.

Campingplatz

Campeggio Italiani e Stanieri (H 7)
Viale Michelangelo, 80
Tel. 05 56 81 19 77
Fax 055 68 93 48
Bus 12, 13
April–Okt. geöffnet
320 Standplätze, 960 Personen, 48 Toiletten
Der internationale Campingplatz liegt inmitten von Grün zwischen dem Hügel von S. Miniato al Monte und dem Arno.

Essen & Trinken

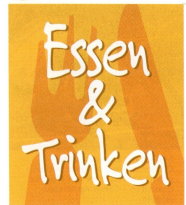

Ein immer wieder überraschender Anblick sind die großen Tafelrunden selbst in kleineren Trattorien. Sie entsprechen der ländlichen Tradition der Toscana, als die gesamte Familie sich am Küchentisch beim Herdfeuer versammelte und gemeinsam die Mahlzeit einnahm. Nahezu ritualisierte ›Großessen‹ an den elementaren Marksteinen des Lebens – von der Hochzeitsfeier über die Taufe bis zum Leichenschmaus – verdeutlichen die vielleicht nur noch unbewusst empfundene Notwendigkeit, durch das Teilen des Mahls und, bei freudigen Ereignissen, auch der Tafelfreuden näher zueinander zu finden. Bei den Tischrunden im Lokal, egal, ob sich hier Familienmitglieder, Nachbarn, Freunde, Kollegen oder Liebespaare zusammensetzen, vermittelt sich auch dem Fremden die Freude an der Gemeinsamkeit.

Und was kommt auf den Tisch? Die Bauern aßen stets das, was das Land hervorbrachte. Und das erste Gebot einer Bauernfamilie lautet noch heute: Es wird nichts weggeworfen. Ein beliebtes Beispiel für die nahezu vollständige Verwertung ist das Schwein: Man isst den Schinken, stellt unterschiedliche Würste her, verzehrt Speck und Schmalz – und sogar die **Innereien.** Der Besucher wird manchmal mit (ihm) befremdlich anmutenden Gerichten konfrontiert, etwa mit *trippa alla fiorentina,* Kutteln mit Tomatensauce, oder gar Hahnenkämmen.

Im allgemeinen signalisiert die Bezeichnung *fiorentina* eine für die Stadt spezifische Verfeinerung. Als Exempel mag hierfür das *bistecca alla fiorentina* gelten. Das Steak stammt vom jungen Rind aus dem Chiana-Tal, sollte 600 g wiegen und rasch auf dem Holzkohlengrill garen. Was dem toscanischen Land in harter Arbeit abgerungen wird, sind Feldfrüchte, Salat und Obst. **Bohnen** *(fagioli)* sind überaus beliebt, was den Toscanern den Spitznamen *mangiafagioli* bescherte. Die Bohne bildete gewissermaßen das Rückgrat des Küchenzettels – in guten wie in schlechten Tagen. Der Name *ribollita* verrät, dass dieses Gericht immer wieder aufgekocht wurde, bis es schließlich einen dicken **Eintopf** ergab. Genauso kommt die frische *ribollita* auch heute noch in der Trattoria auf den Tisch. Die feinere Variante enthält neben Bohnen verschiedene Gemüse wie Lauch, Möhren und Tomaten; kräftige Gewürze geben ihr Geschmack und Schinkenscheiben Gehalt, doch den Segen des Südens erteilt ihr ein Schuss Olivenöl.

Auch heimisches **Wild** steht auf dem Speiseplan. Früher fand es seinen Weg nur auf die Tafeln der Patrone, nicht auf die Tische der Pächter. Heute kann sich auch der ›italienische Otto Normalverbraucher‹ *pappardelle alla lepre,* Bandnudeln mit Hasenragout, oder auch *al cinghiale,* mit Wildschweinragout, leisten.

Essen & Trinken

Bei Tisch

aceto	Essig
acquacotta	Brotsuppe
agnello	Lamm
al forno	im Ofen gebacken oder geschmort
anatra	Ente
anguilla	Aal
arista	toscanischer Schweinebraten
antipasti	Vorspeisen
baccalà	Stockfisch
bistecca alla fiorentina	großes Steak von jungen toscanischen Rindern
bollito misto	Gericht aus verschiedenen gekochten Fleischsorten
brasato	Schmorbraten
bruschetta	geröstete Brotscheibe
cantuccini	trockenes Mandelgebäck
carciofi	Artischocken
castagnaccio	Kastanienkuchen
cervello	Hirn
cinghiale	Wildschwein
coniglio	Kaninchen
contorni	Beilagen
crostini/ crostoni	Vorspeise aus gerösteten Brotscheiben mit Leber- oder Milzpastete
fagioli all' uccelletto	weiße Bohnen mit Tomatensauce
finocchiona	grobe Salami mit Fenchel
fiori di zucca	Zucchiniblüten
manzo	Rindfleisch
ossobuco	Kalbshaxe (Scheibe)
panna cotta	Sahnepudding
panzanella	Brot-Gemüse-Salat
pappa al pomodoro	Brot-Tomaten-Suppe
pecorino	Schafskäse
porchetta	gewürzter Schweinebraten
porcini	Steinpilze
ribollita	Brot-Gemüse-Suppe
rognone trifolato	gedünstete Nieren
salsa	Sauce
salsiccia	Bauernwurst
tartufo	Trüffel
trippa	Kutteln
verdure	Gemüse
vin santo	toscanischer Dessertwein
zuppa inglese	Florentiner Süßspeise (aus Mandeln, Likör und Biskuit)

In den Trattorien ist es durchaus üblich, einfach nur ein Tellergericht zu bestellen, während man in den gehobenen Restaurants ein komplettes Menü wählt. Eine gewisse Speisenfolge ergibt sich nahezu von selbst. ›**Häppchen**‹ gegen den größten Hunger sind die *crostini*, geröstete Weißbrotscheiben mit Milz- oder Lebercreme, oder einige Wurstscheiben, z. B. *finocchiona*, Bauernwurst mit Fenchelsamen. Darauf folgt beispielsweise eine kalte *pappa al pomodoro*, eine dicke Suppe aus Brot und Tomaten oder eine *panzanella*, ein Brot-Gemüse-Salat. Und zum Schluss **Käse,** z. B. würziger *pecorino* (Schafskäse). Vielleicht auch noch ein *castagnaccio,* ein **Kastanienkuchen,** dazu ein Espresso, oder die typische *zuppa inglese*? Lecker ist auch *vin santo,* ein toscanischer Dessertwein, in den man *cantuccini*, trockenes Mandelgebäck, taucht.

Essen & Trinken

Günstig

Borgo Antico (D 5/6)
Piazza S. Spirito, 6r
Tel. 055 21 04 37
Tgl. 7.30–15.30, 19.30–22.30 Uhr
Bus C, 6, 11, 36, 37
Menü ca. 40 000 ltl. Das überwiegend junge Publikum bestellt außer florentinischen Pasta-Gerichten duftende Pizzen oder fantasievolle Salate. Vegetarier wählen vom gegrillten Gemüse. Die Sommertische auf der Piazza sind heiß begehrt. Reservierung ratsam.

Carlino Diladdarno (C/D 6)
Via de' Serragli, 108r
Tel. 055 22 50 01
Mi–So 12–14, 19.30–22 Uhr
Bus 11, 36, 37
Menü ca. 40 000 ltl. Die Gerichte sind mächtig und gut. Die Küche ist toscanisch ausgerichtet, von *crostini* über *zuppa* bis zu Braten. Gute Auswahl an Desserts; sehr ordentlicher Hauswein. Das Ambiente ist schlicht, doch bei dem hervorragenden Preis-Leistungs-Verhältnis ist Carlinos Beliebtheit bei seinen Mitbürgern kein Wunder – eine gastronomische Bastion im alten Handwerkerviertel San Frediano.

La Casalinga (C 6)
Via de' Michellozzi, 9
Tel. 055 21 86 24
Mo–Sa 12–14.30, 19–21.45 Uhr
Bus C, 11, 31, 32, 36, 37
Menü ca. 30 000 ltl. Einfaches Lokal im lebendigen Viertel Santo Spirito, dessen familiäre Atmosphäre nicht nur die Stammgäste aus der Nachbarschaft schätzen. Vorzügliche Nudelgerichte und (typische) Suppen wie *pappa al pomodoro* und *ribollita*. Unter den Hauptgerichten ist der *bollito misto* (verschiedene gekochte Fleischsorten) hervorzuheben. Krönender Abschluss: *tiramisù*.

Fiaschetteria Cambi (C 5)
Via S. Onofrio, 1r
Tel. 055 21 71 34
Mo–Sa 12–14.30, 19.30–23.30 Uhr
Bus C, 6
Menü um 30 000–40 000 ltl. Das kleine Ecklokal in San Frediano besticht durch seinen lockeren Charme, aber auch durch absolute Korrektheit. Die Auswahl ist nicht groß, doch alles ist frisch zubereitet und kommt prompt auf den Tisch. Nach den *antipasti* wie z. B. kräftige Schinken- und Wurstscheiben reicht eigentlich schon eine *ribollita* (dicke Suppe); natürlich stehen auch Hauptgerichte wie Kalbsbraten oder voluminöse *bistecca alla fiorentina* zur Wahl. Zum Abschluss sei *torta della nonna* mit Vanillecreme empfohlen, ein typisch florentinischer Kuchen. Kaffee wird in Blechtassen serviert. Guter Hauswein. Wer auf der kleinen belaubten Terrasse sitzen möchte, sollte reservieren.

I Ghibellini (G 4)
Piazza S. Pier Maggiore
Tel. 055 21 44 24
Do–Di 12–16, 19–0.30 Uhr,
im Aug. geschl.
Bus 14, 23,
Menü ab ca. 30 000 ltl. Im Kellergewölbe eines Palastes treffen sich meist junge Leute zu typisch florentinischen Gerichten und Pizza. In den Abendstunden bleiben die Gäste gern länger sitzen.

Osteria S. Spirito (D 5/6)
Piazza S. Spirito, 16r
Tel. 05 52 38 23 83
tgl. 12.30–14.30,
19.30–23.30 Uhr
Bus C, 11, 31, 32, 36, 37

Essen & Trinken

Ein stilvolles Ambiente: speisen auf der Piazza S. Spirito

Menü ca. 40 000–60 000 ltl. Ein Sommerabend auf der Terrasse kann zu einem unvergesslichen Erlebnis werden. Den Platz und die Tafelnden aus aller Welt regiert ein heiterer, milder Genius Loci. In der Osteria gibt es eine gute Auswahl an kleinen Speisen, Service und Qualität sind jedoch schwankend.

Pizzeria Risorgimento (B 5)

In der Casa di Popolo
Via Pisana, 118r
Tel. 055 22 08 95
19–24 Uhr, Mi geschl.
Bus 6, 13
Pizza ab 4000 ltl. Unglaublich billig, doch gut: Im Risorgimento bekommt man eine Pizza und ein Glas Wein so günstig wie in den Ristoranti sociali guten Angedenkens. An jene klassenkämpferische Zeit erinnert noch das schlichte Ambiente des Lokals in dem einstigen Arbeiterviertel San Frediano am Arno. Es gibt auch leckere *antipasti* und *dolci*. Bei gutem Wetter speist man im *gardino*.

Trattoria del Carmine (D 5)

Piazza del Carmine, 18r
Tel. 055 21 86 01
Mo–Sa 12–15, 19–22.30 Uhr,
im Aug. geschl.
Bus B, 6, 11, 36, 37
Menü 30 000–40 000 ltl. Angenehme kleine Trattoria mit Terrasse auf der Piazza, die sowohl von *quartiere*-Bewohnern als auch von Touristen geschätzt wird. Die umfangreiche Speisekarte offeriert den gesamten Kanon der typisch toscanisch-florentinischen Küche. Ein nicht allzu häufiges Angebot ist das Kalbfleisch mit Thunfischsauce, das nach Sommer schmeckt. Günstige Hausweine. Sehr aufmerksame Bedienung.

Al Vecchio Carlino (C 3)

Viale Fratelli Rosselli, 15–17r
Tel. 055 35 36 78
Mi–Mo 12–14.30, 19–1 Uhr
Bus 1, 9, 10, 26, 27
Menü ab 30 000 ltl. Beliebte, unkomplizierte Trattoria an der Porta del Prato, in der man auch einfach

Essen & Trinken

eine Pizza oder einen Teller Pasta essen kann. Man speist im geräumigen, rückwärtigen Wintergarten, in dem sich unter dem jungen Publikum bald eine gute Stimmung anlässt. Auf der umfangreichen Speisekarte überwiegt florentinische Hausmannskost, doch der fangfrische Fisch ist eine Besonderheit. Die Bedienung ist hilfsbereit und liebenswürdig.

Zà Zà (E 3)
Piazza del Mercato Centrale, 26r
Tel. 055 21 54 11
Mo–Sa 12–15, 17–23 Uhr
Bus 10, 12, 25
Menü ca. 35 000 ltl. mit Wein. Zur Mittagszeit treffen sich hier hungrige Marktbesucher, am Abend mischt sich das Publikum der angenehmen Trattoria bunt aus Florentinern und Touristen. Leichte bis kräftige Kost: Das Angebot reicht von geröstetem Brot mit weißen Bohnen bis zu Fleischgerichten vom Holzkohlegrill. Gute Weine: Sowohl der Hauswein als auch die Flaschenweine aus dem Chianti sind zu empfehlen. Als Dessert lockt leckeres Mandelgebäck *(cantuccini)*, das man in *vin santo* stippt.

Mittlere Preisklasse

13 Gobbi (D 4)
Via della Porcellana, 9r
Tel. 055 29 87 69
Mo–Sa 12–14, 19.30–22.30 Uhr
Bus B, 36, 37, 62
Menü ab 40 000 ltl. Das junge Team der alteingesessenen Trattoria nahe der Piazza Ognissanti offeriert eine anspruchsvolle toscanische Küche. Das Preis-Leistungs-Verhältnis ist bemerkenswert, der Service sehr zuvorkommend. An schönen Abenden sollte man einen Tisch im stimmungsvollen kleinen Garten reservieren.

Baldovino (G 5)
Via San Giuseppe, 22r
Tel. 055 24 17 73
Di–So 11.30–14.30, 19–23.30 Uhr
Bus 14, 23
Menü 35 000–40 000 ltl. Hier kann man ohne Hemmungen einen einfachen Salat essen oder ein kleines Tellergericht, ohne dass der Ober die Stirne runzelt, natürlich aber auch ein ausgewachsenes Menü. Bei Baldovino im Schlagschatten von S. Croce wird modern gekocht. Die Grundlagen wechseln je nach Saison. Das toscanische *bisticca* Chianina vom Holzkohlengrill ist beliebt, aber es wird auch eine ausgezeichnete neapolitanische Pizza gebacken. Das Dessert ist natürlich hausgemacht. Die Auswahl italienischer Weine ist bemerkenswert, zumal 20 Sorten per Glas ausgeschenkt werden. Beachtenswerte moderne Kunst an den Wänden.

Il Cantinone del Gallo Nero (D 5)
Via S. Spirito, 6r
Tel. 055 21 88 98
Di–So, 12–14.30, 19–22.30 Uhr
Bus C, 6, 11, 36, 37
Menü ca. 40 000 ltl. Beliebtes Restaurant mit anscheinend stets gut gelaunten Leuten – kein Wunder bei einer Auswahl von etwa 500 Chianti-Weinen! In dem ansprechenden Gewölbe war einst eine *enoteca*, ein Weinlokal, untergebracht. Man serviert kleine ländliche toscanische Gerichte, u. a. *crostini*, deftige Wurstteller, weiße Bohnen, Suppen, z. B. *ribollita*, *trippa* oder *panzanella* (Brot-Gemüse-Salat) und Pasta. Terrasse.

Essen & Trinken

Le Fonticine (E 3)
Via Nazionale, 79r
Tel. 055 28 71 98
tgl. 12–15, 19–22.30 Uhr
Bus 10, 12, 25
Menü 40 000–60 000 Itl. Unverkennbar: Der Mercato Centrale von San Lorenzo befindet sich in der Nähe und bietet das ganze Füllhorn der Toscana – einschließlich der Küste. Und alles täglich frisch, inklusive der Pasta. Die überwiegend heimische Klientel tafelt in bunten Gruppen in dem freundlichen, quirligen Lokal. Das Weinangebot ist beachtlich; gute Hausweine. Zuvorkommender Service.

Mamma Gina (E 5)
Borgo S. Jacopo, 37r
Tel. 05 52 39 60 09
Mo–Sa 12–14.30, 19–22.30 Uhr,
So geschl.
Bus C
Menü 50 000–70 000 Itl. Die im besten Sinne familiäre Trattoria ist längst zur Institution des Viertels S. Spirito geworden: Vorzügliche Pasta und ein großes Spektrum leckerer toscanischer Gerichte locken. Es gibt auch Tische im Freien. Aufmerksamer Service. Nur einige Gehminuten vom Ponte Vecchio entfernt.

I Quattro Amici (D 3)
Via degli Orti Oricellari, 29
Tel. 055 21 54 13
tgl. 12.30–14.15, 19.30–22.30 Uhr, im Aug. geschl.
Bus B, 1, 9, 12, 13
Menü ca. 80 000 Itl. Wer Appetit auf deliziöse Fischgerichte hat, sucht das elegante Restaurant der ›vier Freunde‹ unweit der Via Scala auf. Das Angebot variiert je nach Fang. Dezente Livemusik.

Sostanza (D 4)
Via della Porcellana, 25r
Tel. 055 21 26 91
Mo–Fr 12–14, 19.30–22.30 Uhr,
im Aug. geschl.
Bus B, 36, 37, 62
Menü ca. 40 000 Itl. Einfache, renommierte Trattoria bei Ognissanti. Sie führt erstklassige heimische Spezialitäten, unbedingt empfehlenswert: *bistecca alla fiorentina*. Das Angebot an Desserts ist bemerkenswert. Chianti aus eigenem Anbau. Zwanglose familiäre Atmosphäre. Reservierung am Abend ratsam.

Alla Vecchia Bettola (C 5)
Viala Ludovico Ariosto, 32r
Tel. 055 22 42 58
Di–So 7.30–15.30,
19.30–22.30 Uhr
Bus 6, 13, C
Menü 40 000–55 000 Itl.
Sehr ansprechende Trattoria im Stadtteil San Frediano. Man sitzt zwanglos an langen Tafeln, auf die deftige hausgemachte Spezialitäten wie *tagliolini* (dünne Bandnudeln) mit Steinpilzen aufgetischt werden. Rühmenswert ist das zarte *carpaccio*. Im Sommer sollte man einen Terrassenplatz reservieren. Sehr aufmerksamer Service.

Klassiker

Buca Lapi (E 4)
Via del Trebbio, 1r
Tel. 055 21 37 68
Di–Sa 12.30–14.30, 19.30–23 Uhr, 15 Tage im Aug. geschl.
Bus 2, 22, 31, 32, 36
Menü 70 000–80 000 Itl. Sehr ansprechendes Kellergewölbe mit lebhafter Atmosphäre im Palazzo Antinori. Hier treffen sich überwiegend Italiener, doch das Restaurant ist auch ausländischen Florenzliebhabern seit Jahrzehnten

Essen & Trinken

ein Begriff. Toscanische Küche. Zu den Spezialitäten zählt Wildschwein mit Polenta. Ein Weinsortiment, das überzeugt.

Coco Lezzone (E 5)
Via del Parioncino, 26r
(beim Lungarno Corsini)
Tel. 055 28 71 78
Mo–Sa 12–14.30, 19–22 Uhr,
an Feiertagen geschl.
Bus B
Menü ab 60 000 Itl. Die Gäste sitzen hier an langen Tischen zwischen weiß gekachelten Wänden. Das 1850 gegründete Lokal ist eine florentinische Institution und wird auch von der Prominenz frequentiert. Die Klientel ist überwiegend italienisch, die internationale ›Beimischung‹ jedoch unübersehbar. Die lockere Atmosphäre reizt zum Verweilen. Angeboten wird beste toscanische Küche bei einer beachtlichen Auswahl an Weinen. Reservierung empfohlen.

I Due G (E 3)
Via B. Cennini, 6r
Tel. 055 21 86 23
Mo–Sa 12–14.30,
19.30–22.30 Uhr
Bus 4, 7, 13, 14, 23, 31, 36, 37
(Station Hauptbahnhof)
Menü um 60 000 Itl. Kleine Traditions-Trattoria. Der Küchenzettel spiegelt den Reichtum der toscanischen Küche – von *crostini* über *fagioli all' uccelletto* bis *bistecca alla fiorentina* – wider. Eine Spezialität ist Lamm. Sehr gutes Angebot an toscanischen Weinen. Breite Palette an Desserts. Der Service ist ein gutes Trinkgeld wert.

Il Latini (D/E 4/5)
Via Palchetti, 6r

Cantinetta Antinori: Hier wird Essen zelebriert, und das im geschichtsträchtigen Rahmen

Essen & Trinken

Tel. 055 21 09 16
Di–So 12.30–14.30,
19.30–22.30 Uhr
Bus 36, 37, 62
Menü 40 000–60 000 ltl. Toscanische Küche ist auch hier Trumpf, angefangen bei den Suppen über die Wildschweinwurst bis zum gebratenen Lamm und der *bistecca alla fiorentina*. Empfehlenswert: die exzellenten Desserts und der hauseigene Grappa. Die Weinauswahl ist bemerkenswert – kein Wunder, nennt sich das bei den Florentinern äußerst beliebte Restaurant doch noch immer *fiaschetteria*, also ›Weinstube‹.

Pane e Vino (F/G 6)
Via di S. Niccolò, 70r
(Viertel San Niccolò)
Tel. 05 52 47 69 56
Di–So 12.30–14, 19–0 Uhr
Bus B, C, 12, 13, 23
Menü ab 50 000 ltl. ›Brot und Wein‹ begann als *enoteca*, kleine Wein-Bar, und entwickelte sich zu einem beliebten Restaurant. ›Schuld‹ sind die qualitativ hochwertigen, äußerst leckeren Gerichte. Kreative florentinische Küche ist angesagt, beispielsweise Salat von geräucherter Ente oder Lamm mit Bohnenpüree. Einfallsreiche Desserts verlocken zum Hockenbleiben. Doch vor allem mittags wird's eng. Die reiche Weinauswahl erinnert an die Anfänge der Weinbar. Liebenswürdiger Service. Reservierung empfohlen.

La Taverna del Bronzino (F 2)
Via delle Ruote, 27r
Tel. 055 49 52 20, 05 54 62 00 76
Mo–Sa 12.15–14.45,
19–22.30 Uhr
Bus A, 10, 12, 25
Menü ca. 80 000 ltl. Entsprechend ihrer Klientel, erfolgreichen Geschäftsleuten, ist die Taverna elegant und ruhig. Man wählt aus dem reichen Spezialitätenangebot des Hauses oder den klassischen toscanischen Gerichten, zu denen die hier unübertreffliche *bistecca alla fiorentina* zählt. Die Weine genießen hohe Reputation. Zuvorkommender Service. Reservierung ratsam.

Spitzenreiter

Cantinetta Antinori (E 4)
Piazza Antinori, 3
Tel. 055 29 22 34
Mo–Fr 12–14, 19.30–22.30 Uhr
im Aug. geschl.
Bus 6, 22, 31, 32, 36, 37
Menü um 80 000 ltl. Im Palast der Antinori (erworben 1506) kann man die Weine probieren, die die traditionsreiche Familie bereits seit 600 Jahren keltert. Die Cantinetta avancierte zu einem zwanglosen Treffpunkt der eleganten Gesellschaft. Die *trippa* (Kutteln) werden hier als florentinisches ›Nationalgericht‹ zelebriert. Auch sonst bietet die Speisekarte alles, wofür die Toscana berühmt ist.

Il Cibreo (G 5)
Via dei Macci, 118r
Tel. 05 52 34 11 00,
05 52 34 10 94
Di–Sa 13–14, 19.30–23 Uhr
Bus 14
Menü 90 000 ltl. Elegant, aber unprätentiös gibt sich das sehr angenehme Restaurant Il Cibreo im Viertel Santa Croce. Kreative toscanische Küche verwöhnt den Gaumen. Bemerkenswert sind die sonst so bodenständigen Suppen. Spezialität des Hauses ist gefüllte Taube. In der zugehörigen Trattoria nebenan kostet ein Menü nur

Essen & Trinken

Chianti

Der klassische Speisenbegleiter ist ein Chianti mit dem *gallo nero*, dem ›schwarzen Hahn‹, als Qualitätssiegel. Die Grenzen der Anbaugebiete werden seit dem 14. Jh. von den Winzern geschützt. Die auf den Hügeln um Florenz gezogene Kreszens trägt die Bezeichnung ›Chianti Colli Fiorentini‹.

60 000 ltl. Die Weinkarte befriedigt auch den Kenner. Reservierung erforderlich.

Enoteca Pinchiorri (G 5)
Via Ghibellina, 87r
Tel. 055 24 27 77, 055 24 27 57
Di–Sa 12.30–14, 19.30–22 Uhr,
Mi 12.30-14 Uhr
Bus 14
Menü 280 000 ltl. Sehr elegantes Restaurant mit großzügigem floralen Schmuck, der die etwas förmliche Atmosphäre des Palastes (16. Jh.) auflockert. Pinchiorri, ausgezeichnet mit zwei schon länger über dem Restaurant weilenden Michelin-Sternen, wird weit über die Grenzen von Florenz gerühmt. Feinste nationale und florentinische Gerichte empfehlen sich, wobei jedoch Anlehnungen an die toscanische Küche nicht fehlen. Probieren Sie das raffinierte Kaninchenragout. Die italienischen und französischen Weine genießen einen sehr guten Ruf, der Keller birgt einen Schatz von 150 000 Flaschen – darunter viele ›Unikate‹. Im Sommer besteht die Möglichkeit, im schönen Hof zu speisen.

Alle Murate
Via Ghibillina, 52r
Tel. 055 24 06 18
Di–So 19.30–24 Uhr
Bus 14
Das Restaurant gehört in den letzten Jahren zu den angesagtesten Adressen der gehobenen Kategorie. Es bietet eine ausgezeichnete kreative leichte Küche, hausgemachte Pasta mit leichten fantasievollen Saucen, schonend zubereitetes frisches Gemüse und großartige Desserts. Das umfangreiche erstklassige Weinangebot erfreut zudem durch einen fairen Preis. Die Atmosphäre ist angenehm, die Bedienung aufmerksam und professionell.

Oliviero (E 5)
Via delle Terme, 51r
Tel. 055 28 76 43
Mo–Sa 19–1 Uhr
Bus 6, 22, 31, 32, 36, 37
Menü 60 000–85 000 ltl. Bodenständig gibt sich das altflorentinische, elegante Oliviero, in dem Künstler und Politiker als Stammgäste begrüßt werden. Die Küche versteht sich auf raffinierte Neuschöpfungen, doch einmalig ist die traditionell zubereitete *bistecca alla fiorentina*. Reservieren!

Mit Aussicht

Le Cave di Maiano (außerhalb)
Vicinale delle Cave di Maiano, 16r
(unterhalb von Fiesole)
Tel. 05 55 91 33
Mo–Mi, Fr, Sa 12–14.30,
19.30– 23 Uhr,
So abends geschl.
Bus 7 (Haltestelle Maiano)

Essen & Trinken

Menü 50 000–70 000 ltl. Ein beliebtes Ziel für den Familienausflug. Im Schatten der Zypressen speist man inmitten der grünen Hügel. Man speist typisch florentinisch. Gefüllte Taube und Kalbsroulade mit Pilzen werden als Spezialitäten des Hauses gehandelt. Die Weine sind vorzüglich. Die Terrasse gewährt eine fulminante Aussicht ins Tal von Florenz.

Enoteca Fuori Porta (G 6/7)
Via Monte alle Croci, 10
Tel. 05 52 34 24 83
tgl. 12–14.30, 19.30–22.30 Uhr
Bus 12, 13

Um 20 000 ltl. mit Wein für einen guten Imbiss. Das Lokal vor dem Stadttor und zu Füßen von S. Miniato bietet kleine Gerichte und offene Weine. Die Karte weist 600 Etiketten aus. Angenehme Atmosphäre besonders an Sommerabenden.

La Loggia (G 7)
Piazzale Michelangelo, 1
Tel. 05 52 34 28 32
Do–Di 12–14.30, 19–24 Uhr,
Bus 12, 13

Vier-Gänge-Menü 85 000–95 000 ltl. Romantisch wirkendes, mit Säulen geschmücktes Bauwerk, das in seiner Eleganz an das ausklingende 19. Jh. erinnert. Palmen verleihen ihm die südliche Note. Im Hintergrund der Loggia steigt der baumbestandene Hang zum Monte alle Croci mit S. Miniato al Monte an. Über die Balustrade zur Talseite blickt man hinüber zur Stadt. Im Hintergrund zeichnen sich die Hügel von Fiesole ab. Der Gast wählt zwischen toscanischen und internationalen Gerichten von hoher Qualität. Tagesgäste lockt in erster Linie die Café-Terrasse mit den verführerischen Angeboten und der ›verschwenderischen‹ Aussicht.

Da Omero (außerh.)
Via Pian de' Giullari, 11r
Tel. 05 52 20 0 53
Mi–Mo 12–14.30,
19.30–22.30 Uhr
Bus 38

Menü 60 000–80 000 ltl. Südlich der Boboli-Gärten liegt in den Hügeln von Arcetri diese rustikale Hochburg der toscanischen Küche. Schon der Anblick der Schinken, die von der Decke herabhängen, stärkt Leib und Seele. Sie gehören – wie auch die deftigen Würste – zu den Antipasti. Zu den Fleischspezialitäten zählen etwa *bistecca alla fiorentina* und fritiertes Hirn. Das Weinsortiment ist ausgezeichnet. Man muss kein komplettes Menü wählen, sondern kann sich auch mit einer preiswerten Pizza begnügen und dazu ein Bier nehmen. Schier unvergesslich ist der Ausblick von der Terrasse über die sanften Höhenlinien auf die nahe und doch so fern erscheinende Stadt. Hier treffen sich also sowohl die Liebhaber der Küche wie auch der schönen Landschaft.

Ristorante Villa S. Michele (Karte Flesole)
Via Doccia, 4, Fiesole
Tel. 05 55 94 51
tgl. 12–14.30, 19–23 Uhr
Bus 7

Menü 100 000–150 000 ltl. Die vornehme Villa mit Park und Garten, einst eine von Michelangelo entworfene Kartause, liegt am grünen Berghang. Von der luftigen Loggia schweift der Blick über Zypressen und Olivenbäume hinweg nach Florenz ins Arnotal. Leckere toscanische Spezialitäten, aber auch feine italienische Gerichte.

Essen & Trinken

Vegetarisch

Gauguin (F 3)
Via degli Alfani, 24r
Tel. 05 52 34 06 16
Mo–Sa 19–23.30 Uhr
Bus 6
Menü 30 000–40 000 ltl. Beliebtes kleines Restaurant in Uninähe mit kreativer vegetarischer Küche, etwa diverse Crêpes, Auberginenpastete oder Dinkelsuppe. Angenehmes Ambiente; nicht nur studentisches Publikum. Zuvorkommender Service.

Wein & kleine Speisen

Antico Noe (G 4)
Volta di S. Piero, 6r
(Borgo degli Albizi)
Tel. 05 52 34 08 38
Mo–Sa 11–20 Uhr
Bus B
Glas 2000 ltl. In der kleinen, stark frequentierten Bar trinkt man einen guten regionalen Wein und stellt sich dazu einen Imbiss zusammen, der aus toscanischer Wurst, beispielsweise *finocchiona* (mit Fenchelsamen), Schinkenscheiben, verschiedenen Gemüsen oder Käse bestehen kann.

Cantinetta dei Verrazzano (F 5)
Via de' Tavolini, 18–20r
Tel. 055 26 85 90
Mo–Sa 8–21 Uhr
Bus B, 14
Glas 3000, Flasche 20 000, Mahlzeit ca. 20 000 ltl. In den beiden holzgetäfelten Räumen geht es manchmal hoch her. Im Angebot: kleine Speisen wie Pfannkuchen aus Erbsenmehl *(cecina),* aber auch Pizzen und kräftige Happen aus der Toscana. Probieren Sie die *focaccia* (Brotfladen) aus dem Holzofen. Der Wein des Castello da Verrazzano bei Greve verdient es, besonders hervorgehoben zu werden.

Tavola Calda da Rocco (G 4)
Piazza di S. Ambrogio
Mo–Sa 12–14.30 Uhr
Bus B, 14
Kleines Essen mit einfachem Hauswein ca. 15 000–20 000 ltl. Das kleine enge Lokal liegt ideal für Marktbesucher und neugierige Passanten. Der tägliche Speisenzettel hängt an der Wand, er offeriert frische Nudelgerichte und Suppen, Fleischklöße, Gulasch und anderes mehr. Das Brot verdient besonderes Lob.

Le Volpi e l' Uva (außerh.)
Piazza de' Rossi
Tel. 05 52 39 81 32
Mo–Sa 10–20 Uhr
Bus B, C
Kleines Essen mit Wein ab 25 000 ltl. Im Lokal ›Fuchs und Traube‹ labt man sich an der geräucherten Ente, an ausgesuchten Käsesorten und Kuchen aus eigener Herstellung. Die zehn verschiedenen offenen Weine verdienen Beachtung; sie stammen von kleinen Weingütern der Toscana.

Aus aller Welt

India (H 3/4)
Viale Gramsci, 43a
Tel. 055 59 99 00
tgl. 18.30–24 Uhr
Bus 7
Ca. 35 000 ltl. mit Getränk. In diesem stilecht eingerichteten indischen Restaurant kann man Kurzurlaub von den Pasta-Tischen der Arnostadt machen. Die Speisen

Essen & Trinken

Wussten Sie schon, dass man in Florenz auch wunderbar koscher essen kann?

haben einen authentischen Charakter, wofür die Anwesenheit zahlreicher Gäste vom asiatischen Subkontinent zeugt. Zur Ausstattung der Küche gehört ein originaler Tandoori-Ofen, der auch zu besichtigen ist. Äußerst zuvorkommende Bedienung.

Nin Hao (D 4)
Borgo Ognissanti, 159r
Tel. 055 21 07 70
Tgl. 11.30–15, 18.30–23 Uhr
25 000 ltl. In dem guten chinesischen Restaurant fällt die Auswahl aus dem reichen Angebot schwer. Das Zahlen bei dem günstigen Preis für exzellente Gerichte dafür leicht. Zu den Spezialitäten gehören Fisch, Ente und Huhn. Highlights sind unterschiedlich zubereiteten Garnelen *(gamberoni)*.

Ruth's 5 (G 4)
Via Farina, 2a
Tel. 055 248 08 88
Mo–Sa 12.30–14.30, 20–22.30 Uhr
Bus 6, 23, 31
16 000–20 000 ltl. Das koscheres Restaurant gehört zum Komplex der Florentiner Synagoge. Die exotisch duftende, nahöstlich beeinflusste Küche ist voll einsehbar tätig. Die würzige Fischsuppe und der Fisch-Couscous sind eine gute Abwechslung von den italienischen Gerichten. Doch gibt es hier natürlich auch Pasta, sogar vegetarische, und eine Vielzahl an Salaten. Die Atmosphäre ist angenehm jung, das Lokal hell. Wein aus dem Heiligen Land.

Cafés, Bars & Eisdielen

Caffè Amerini (D/E 4/5)
Via della Vigna Nuova, 63r
Tel. 055 28 49 41
Mo–Sa 8.30–20.30 Uhr
Bus B, 6, 22, 31, 32, 36, 37

🍴 Essen & Trinken

Rivoire: Nach einem anstrengenden Stadtbummel sollte man sich hier ein Schmankerl gönnen

Mittlere Preislage. In *der* Modemeile ist das modern gestylte Amerini ein beliebter Treffpunkt. Zur Mittagszeit wird es eng im Café, doch ist es allemal angenehm und interessant. Reichhaltiges Sandwichangebot.

Giacosa (E 5)
Via Tornabuoni, 83r
Tel. 05 52 39 62 26
Mo–Sa 7.30–20.45 Uhr
Bus 6, 22, 31, 32, 36, 37
Hier treffen sich die Eleganten, Schönen und Schicken zur kleinen Stärkung in einer kreativen Pause. Das Giacosa ist ein Schatzkästlein, gefüllt mit den herrlichsten Leckerbissen aus eigener Herstellung. Die Eisbecher sind ein Traum.

Gilli (E 4)
Piazza della Repubblica, 39r
Tel. 055 21 38 96
Mi–Mo 7.30–24 Uhr
Bus 6, 22, 31, 32, 36, 37
Das 1733 gegründete Gilli residiert seit 1930 an diesem einladenden Platz. Zu seinen Vorzügen gehören neben der glanzvollen Ausstattung im Stil der Belle Epoque die delikaten Angebote: von den verschiedenen Kaffeesorten über Pralinen, Schokoladen, Kuchen-, Torten- und Gebäcksorten bis zu den kleinen herzhaften Speisen. Das vorzügliche Roastbeef mit gratinierten Tomaten kostet ca. 30 000 ltl. Salate gibt es in reicher Auswahl, die Eisbecher sind köstlich. Das Gilli ist bei den Florentinern sehr beliebt, so dass die Stunde des Aperitifs zum Erlebnis werden kann. Große Terrasse.

Giubbe Rosse (E 4)
Piazza della Repubblica, 13r
Tel. 055 21 22 80
Do–Di 7.30–1.30 Uhr
Bus 6, 22, 31, 32, 36, 37
Der Ruhm als Literatencafé, erworben in den Jahren 1910–20, wird bis heute gepflegt. An vergangene Zeiten erinnern eigentlich nur noch die Memorabilia im ansonsten wenig feschen Lokal. Doch ist das Café – nicht zuletzt wegen der weiten Terrasse an einem der lebhaftesten Plätze der Stadt – nach wie vor sehr gut besucht.

Paszkowski (E 4)
Piazza della Repubblica, 12r
Tel. 055 21 02 36
Di–So 7–1.30 Uhr
Bus 6, 22, 31, 32, 36, 37
Die Gäste des Paszkowski legen Wert auf Stil – bei Klängen aus der Piano-Bar durchweht ein Hauch von Mondänität das vornehme Haus (gegründet 1846). Speisen und Getränke entsprechen dieser Exklusivität, ebenso die Preise. Der

Essen & Trinken

Service ist zuvorkommend. Von Juni–Okt. gastiert ein kleines Orchester auf der Terrasse.

Procacci (E 5)
Via Tornabuoni, 64r
Tel. 055 21 16 56
Do–Di 8–13, 16.30–19.45,
Mi 8–13 Uhr
Bus 6, 22, 31, 32, 36, 37
Elegantes Bistro mit Reminiszenzen an die Belle Epoque, einer *der* Treffpunkte an der exklusiven Einkaufsstraße. Das Procacci ist berühmt für seine *panini* mit weißer Trüffelcreme.

Rivoire (F 5)
Piazza della Signoria, 5
Tel. 055 21 44 12
Di–So 8–24 Uhr
Bus B
Ein Superlativ jagt den nächsten: Das exklusive Rivoire, das als das schönste Café von Florenz gilt, liegt an einem der schönsten Plätze Europas, verfügt über eine der schönsten Terrassen der Stadt – und die höchsten Preise. Die Gäste schätzen das ausgezeichnete Angebot, die delikaten Speisen vom Frühstück bis zum Imbiss am Abend. Die Schokolade genießt Extra-Reputation. Doch der Blick auf den Platz mit dem Palazzo Vecchio und der Loggia dei Lanzi überbietet alles. Bei schlechtem Wetter lernt man das elegante Interieur schätzen.

Vivoli (F 5)
Via Isola delle Stinche, 7r
Tel. 055 29 23 34
Di–So 8.30–1 Uhr, im Aug. geschl.
Bus 23
Im Sommer hat das Vivoli Hochsaison: Die ausgezeichneten *gelati*-Kreationen locken. Es gibt Stimmen, die das Eis als das beste der Stadt rühmen. Und nachts trifft man sich hier bei guter Stimmung zu Wein und Bier.

Zum gelungenen Abschluss eines Tages in Florenz: ein echtes italienisches *gelato*

Shopping

Florenz ist eine angenehme Einkaufsstadt, kann man doch in der historischen Altstadt praktisch jedes Ziel zu Fuß angehen. Manche Branchen haben sich in bestimmten Straßen oder Bezirken konzentriert.

Ein signifikantes Beispiel ist die Designer-Mode, zu der auch Schuhe und Accessoires zu rechnen sind, die in der Via Tornabuoni, in der Via della Vigna Nuova und in der Nachbarschaft des Palazzo Strozzi ihre Schwerpunkte hat. Hier findet man auch den Schmuck der Weltmarken. Die traditionelle Schmuck-Promenade logiert originellerweise auf dem Ponte Vecchio, ein vom Großherzog Ferdinando I. 1593 gewährtes Privileg an die Goldschmiede. Kaufhäuser haben sich an und bei der Piazza della Repubblica niedergelassen. Die Via de' Calzaiuoli zwischen Dom und Palazzo Vecchio ist eine beliebte und autofreie Einkaufsstraße für den Einzelhandel, etwa Textilien, Tabakwaren, Drogerien, Apotheken. In den kleinen Nebenstraßen kauft man Delikatessen und Wein. Antiquitäten und Kunst sind von alters her die Domäne des Oltrano, der ›anderen‹ Arnoseite.

Antiquitäten

Guido Bartolozzi (D/E 5)
Via Maggio, 18r
Bus C, 11, 31, 32, 36, 37
Als erste Adresse für Kunst und Antiquitäten des 18. und 19. Jh. gilt Bartolozzi in Oltrano. Ausgezeichnete Qualität. Spezialgebiete sind seltene Möbel, aber auch Rahmen und Vergoldungen.

Bottega Stampe e Bronzi (E 5)
Via S. Jacopo, 80r
Bus C
Alte dekorative Stiche und Bronzefiguren in einer guten Auswahl bietet dieses Geschäft nahe dem Ponte Vecchio an.

Ficalbi & Balloni (E 4)
Via Roma, 49r
Busstationen am Domplatz
Man traut seinen Augen nicht! Die Kunsthandlung ist spezialisiert auf Trompe-l'Œils, die auf edle Möbel appliziert werden. Außerdem: hochwertige Gemälde und Skulpturen.

Romanelli (E 5)
Lungarno degli Acciaioli, 74r
Bus B
Schon ein Blick in die Galerie verblüfft, ist sie doch angefüllt mit Skulpturen der Renaissance-Meister, wie Michelangelo oder Ammannati: Romanelli fertigt perfekte Repliken nach Maß, und er versendet sie auch an die gewünschte Heimatadresse.

Buchhandlungen

Feltrinelli (E 4)
Via Cerretani, 30r
Bus 1, 7, 10, 14, 17
Eine Filiale der zum Großverlag

Shopping

Feltrinelli gehörenden Kette. Die Schwerpunkte sind neben Literatur Kunst und Fotografie. Vielseitig ist die in Italien blühende Produktion an Comics vertreten. Angeboten werden auch T-Shirts mit witzigen Motiven. Hinweis: fremdsprachige Literatur gibt es bei Feltrinelli Internationale, Via Cavour, 12–20r (F 3).

Franco Maria Ricci (E 4)
Via delle Belle Donne, 41r
Bus 6, 11, 36, 37
Der Mailänder Verleger entdeckt die Schönheiten vergangener Epochen neu. Er stellt sie auf meisterhaften Fotografien, kommentiert von Wissenschaftlern und Literaten, in seinen höchst ästhetischen Büchern vor. Eine thematisch reizvolle Sammlung präsentiert jeweils sein Magazin FMR, das in vier Sprachen erscheint.

Libreria del Cinema »Crawford« (E 3)
Via Guelfa, 14r
Bus 6, 11
Noch selten: die Buchhandlungen der siebten Kunst. Cineasten finden hier manches Sammelstück, denn es werden auch Poster, Videos und Soundtracks offeriert.

Libreria Edison
Piazza della Repubblica, 27r
Tgl. 9–24 Uhr, auch So
Bus A
Edison hat viele Pluspunkte: Die Bücherhallen sind weit und geräumig, hell, kühl und vor allem täglich geöffnet. Gewiss, das Angebot spielt die größte Rolle: Alle Abteilungen sind gut besetzt. Und der fremde Reisende findet manches in seiner Sprache, ob zu Florenz oder gute Romane. Wer rasch ein Geschenk oder Souvenir sucht, findet auch hier ein attraktives Sortiment vor. An der Cafe-Bar wird man sich mit seinem Neuerwerb erfrischen.

Florenz hat für jeden Geschmack etwas zu bieten...

Libreria Internationale Seeber (E 4/5)
Via Tornabuoni, 70r
Bus 6, 22, 36, 37
Seeber, die vielleicht beste Buchhandlung der Stadt, führt Literatur auch in Fremdsprachen. Kunst, Fotografie, Film, Theater sowie Kulinarisches, Reise- und Stadtführer sind starke Sektionen, zudem die internationale Presse.

CDs/Schallplatten

KAOS (D 4)
Via della Scala, 65r
Bus 1, 9, 12, 17
Bei KAOS versorgen sich die DJs mit den aktuellsten Produktionen der internationalen Szene. Großes Sortiment.

Haushalt

Dino Bartolini (F 4)
Via de' Servi, 30r

Shopping

Ein Flohmarkt erster Klasse, der Mercato delle Pulci – und Trödel, soweit das Auge reicht

Bushaltestellen am Domplatz
Nicht nur für Hobby-Köche: Bartolini bietet ein reiches Angebot an edel geformten Küchenobjekten und -geräten bis hin zur Spaghetti-Maschine, zudem wunderschönes Geschirr.

Vice Versa (F 4)
Via Ricasoli, 53r
Bus 1, 6, 7, 11, 17
Traumhafte Gebrauchsgegenstände für den kochenden Gourmet, designed vom berühmten Alessi, aber auch von anderen Formschöpfern. Es wurden Spezialabteilungen für Büro und Bad eingerichtet.

Kosmetik & Parfums

Antica Farmacia del Cinghiale (E 5)
Piazza del Mercato Nuovo, 4r
Bus B
Als Apotheke im 16. Jh. von einem Kräuterkenner gegründet, bot man eigene Arzneien an. Heute ist der Cinghiale auf natürliche Kosmetika spezialisiert.

Officina Profumo Farmaceutica di S. Maria Novella (E 4)
Via della Scala, 16
Bus 36, 37, 62

Shopping

Lederwaren

Il Bisonte (D/E 5)
Via del Parione, 11r
Bus C
Hervorragende Lederwaren, wie Koffer und Taschen, mit dem Markenzeichen des Bisons.

Furla (E 4)
Via de' Tosinghi, 5r
Bushaltestellen am Domplatz
Exquisite Artikel für jeden Tag wie Schlüsselanhänger und Portemonnaies, aber auch Timer, Mappen, elegante Taschen, Einkaufsbeutel aus feinstm Material. Nicht zu teuer.

Gianfranco Lotti (E 4/5)
Via Tornabuoni, 57–59r
Bus 6, 22, 36, 37
Handtaschen aus bestem Leder und kostbare dekorative Stoffe bis hin zu Brokat sind Lottis Domäne.

Madova (E 5)
Via Guicciardini, 1r
Bus B
Perfekte Handschuhe für alle Gelegenheiten und Jahreszeiten – hierfür ist das Florentiner Familienunternehmen von 1919 zuständig.

Pattaya Due (F 3)
Via Cavour, 51r
Bus 1, 6, 7, 11, 17, 23
Lederwaren der Edelmarken werden in dem Discount mit erheblichen Preisnachlässen verkauft.

Scuola del Cuoio/ Leather School (G 5)
Piazza S. Croce, 16,
Garteneingang Via S. Giuseppe, 5r
Bus 13, 23, 31, 32
Handgemachte Lederartikel, wie Taschen, Gürtel, Geldbörsen und Jacken, entstehen nach den Re-

Die altehrwürdige Apotheke ist einfach sehenswert: Der Verkaufsraum wurde in einer Dominikaner-Kapelle von 1335 eingerichtet. Die Wände sind holzvertäfelt, die Decke freskiert. Nicht weniger wichtig sind die Vitrinen mit Essenzen und Kosmetika. Nach Rezepten der Mönche werden noch heute Parfüms, Liköre, Seifen und Salben gefertigt. In der stimmungsvollen Antica Spezieria stehen duftende Heilkräuter zum Verkauf. Medikamente sind nicht erhältlich.

Profumeria Aline (E/F 4)
Piazza S. Giovanni, 26r
Bushaltestelle Domplatz
Die gut bestückte Parfümerie führt bekannte internationale Marken.

Shopping

geln der alten Zunftmeister im Klostertrakt von S. Croce, den man durch die berühmte Kirche betritt. Die Lederschule entstand auf Initiative der Kapuziner. Das erworbene Stück wird auf Wunsch mit Initialen unverwechselbar gekennzeichnet.

Malutensilien

Zecchi (F 4)
Via dello Studio, 19r
Bus C, 14
Die Maler machten die Florentiner Farben berühmt, manche wurden sogar nach ihnen benannt, wie das ›Uccello-Rot‹. Bei Zecchi, wo neben den Lukas-Jüngern auch die Restauratoren kaufen, bekommt man hervorragende Ausstattungen zum Malen und Zeichnen. Allemal qualitätvolle Mitbringsel.

Märkte

Le Cascine (A/B 3)
Ponte della Vittoria/Viale Lincoln
Nur Di vormittags
Bus B, 1, 9, 10, 12, 26, 27, 80 (Station Piazza Veneto)
Entlang dem Arno wird einmal wöchentlich mit 300 Ständen der größte Florentiner Markt aufgebaut. Angeboten wird eine Fülle an Obst, Gemüse, Haushaltswaren, aber auch Kleidung, Schuhe und Lederwaren, sogar Schmuck.

Mercato Centrale (E 3)
Piazza Mercato Centrale
Mo–Fr 7–14, Sa 7–14, 16–19.30 Uhr, So geschl.
Bus 10, 12, 25, 31, 32
Eine Arche Noah der Lebensmittel: Auf der unteren Ebene wird der Reichtum an Fleisch und Fisch, Wein-, Olivenöl-, Essig- und Käsesorten, Backwaren und frisch gefertigter Pasta feilgeboten, über das obere Stockwerk breitet sich das Angebot an Obst und Gemüse aus. Akutem Hunger und Durst wird mit Snacks auf die Hand abgeholfen.

Mercato di S. Lorenzo (E 4)
Piazza S. Lorenzo/
Via dell' Ariento
So, Mo geschl.
Bus 10, 12, 25, 31, 32
Vor dem Bau der Halle des Mercato Centrale wurde hier ein großer Nahrungsmittelmarkt veranstaltet. Der Nachfolgermarkt unter freiem Himmel bietet Lederartikel, Kleidung, Souvenirs, Schreibwaren, Schmuck – manch witziges und lohnendes Schnäppchen darunter.

Mercato della Paglia (E 5)
Loggia del Mercato Nuovo
(Via Calimala)
Di–Sa 8–19 Uhr
Bus B
Die ehemals offene Halle (1551) der Goldschmiede und Seidenhändler beherbergt nun ein Völkchen von Marktleuten, die den Touristen vorwiegend Lederwaren, Tücher, Krawatten und Souvenirs anbieten. Doch interessant sind die typischen Florentiner Strohartikel wie geflochtene Sonnenhüte und Kunsthandwerk sowie auch Blumen. Im Volksmund heißt der Markt Mercato del Porcellino (Schweinchen) wegen des bronzenen Ebers (1612) am Brunnen.

Mercato del Piccolo Antiquariato/delle Pulci (G 4/5)
Piazza dei Ciompi
Mo–Sa 9–13, 16–18 Uhr,
am letzten So im Monat ganztägig geöffnet

Shopping

Bus 14, 23
Ein Flohmarkt der Extraklasse im Viertel S. Croce mit allem nur Erdenklichen aus vergangenen Zeiten. Wer unter den Bildern, Porzellanen, Kleinmöbeln, Büchern, Münzen oder beim Spielzeug und Krimskrams stöbert, wird vielleicht nicht sein Glück machen, aber er wird sich gut unterhalten.

Mercato di S. Ambrogio (G/H 5)
Piazza L. Ghiberti
Mo–Sa vormittags
Bus 14
Landwirte aus der Umgebung bieten hier ihre Erzeugnisse an, vor allem Lebensmittel aller Art, Obst, Gemüse, zudem Blumen. Aber es gibt auch Kleidung und Schuhe.

Möbel & Design

Ex Novo (E 4)
Via delle Belle Donne, 30r
Bus 36, 37, 63
Eine Adresse für Sammler von Designer-Kreationen aus dem Italien der 50er Jahre. Es sind zum Teil sehr originell gestaltete Objekte, wie Sessel, Lampen, Tische und Spielautomaten.

Flos (E 5)
Borgo S. Jacopo, 62r
Bus C
Designer-Lampen mit kühler, futuristischer Anmutung.

Illum (F 3)
Via XXVII Aprile, 16
Bus 1, 6, 7, 11, 17, 23
Aktuelle Lampen und Leuchten namhafter italienischer Designer, eigenwillige Kreationen von Arteluce bis Venini.

Im Einkaufsparadies ist keine Deko zu originell

Manetti & Masini (D 5)
Via Bronzino, 125
Bus 6, 12, 26, 27, 80
Das Duo restauriert und reproduziert antike Majoliken. An der Piazza N. Sauro, 13 (Oltrano, Ponte Carraia) ist eine Auswahl im Showroom zu sehen und zu erwerben.

Renato Minucciani (außerh.)
Via di Villamagna, 104
Bus 3, 31, 32
Ausgefallene Objekte von Designerlampen bis zum originellen Tischchen bietet des Geschäft am östlichen Stadtrand an.

Le Stanze (D 4)
Borgo Ognissanti, 50r
Bus C, 62
Schlichte, klare Wohnungseinrich-

Shopping

tungen der Designer Cappellini und Campeggi.

Terrecotte Sbigoli (F/G 4)
Via S. Egidio, 4r
Bus 14, 23
Sbigoli bietet die typisch toscanischen blau-gelben Terracotten an: Vasen, Wandteller u. v. m. nach alten Mustern.

Mode & Accessoires

Emilio Pucci (D 5)
– Via della Vigna Nuova, 97–99r
Bus 6, 22, 36, 37
– Via Ricasoli, 36r (F 4)
Bus 1, 6, 7, 17
Die Haute Couture des Florentiner Marquese hat ihren passenden Showroom im Palazzo dei Pucci (Via Pucci). Die Konfektion wird in beiden Geschäften gezeigt.

Eredi Chiarini (E 4)
Via Roma, 16–22r
Bushaltestellen Domplatz
Originelle und klassische Designer-Mode für junge Männer.

Ermenegildo Zegna (E 5)
Piazza Rucellai, 4/7r
Bus 6, 22, 36, 37
Hochwertige Herrenkleidung für das Geschäftsleben wie für den festlichen Abend.

Loretta Caponi (E 4)
Piazza Antinori, 4r
Bus 6, 22, 36, 37
Exklusive Dessous, Nacht-, Bett- und Tischwäsche für Mütter und Töchter. Nicht zu vergessen die blütenweiße Brautausstattung und die reizende Kinderkleidung.

Luisa Via Roma (E 4)
Via Roma, 19–21a
Bushaltestellen am Domplatz
Schicke Boutique für Frauen und Männer mit Designer-Mode, etwa von Calvin Klein, Dolce & Gabbana, Jean Paul Gaultier, Donna Karan, Karl Lagerfeld, Moschino.

Neuber (E 4)
Galleria Tornabuoni, 17r
Bus 6, 22, 36, 37
Elegantes Traditionsgeschäft mit klassischer Mode für Damen und Herren. Zudem Leder-Accessoires wie Taschen und Koffer.

Prada (E 5)
Via Tornabuoni, 57r
Bus 6, 22, 31, 32, 36, 37
Exklusive Damenmode sowie elegante Taschen und traumhafte Schuhe.

Versus Versace (D 5)
Via Della Vigna Nuova, 36/38
Bus 6, 22, 36, 37
Versus, die junge Modelinie von Versace für Ihn und besonders für Sie, ist eine Augenweide. Die Konturen sind schlank, ja körperbetont, die Farben gedeckt, bei den Frauen können sie allerdings ins Farbenfrohe explodieren. Gerade für sie ist Versus eigentlich mehr Körperdekor denn Mode, ganz nach dem Geschmack der westlichen Metropolen.

Papeterien

All' Ancora Secca (F 3)
Via de' Ginori, 21r
Bus 1, 6, 7, 11, 17
Wer schönes Papier liebt, ist in diesem Geschäft mit Flair richtig. Unter den Briefpapieren, Notizheften, Agendas eignet sind vieles auch als hübsches Geschenk. Eine

Shopping

Besonderheit sind die handgebundenen Bücher.

Giulio Giannini & Figlio (D/E 6)
Piazza Pitti, 37r
Bus C, 31, 32
Schöne Papiere werden in der familieneigenen Werkstatt gefertigt und auch zu Schreibwaren und Heften verarbeitet. Beachtung verdienen auch die Büchereinbände.

Pineider (E/F 5)
Piazza della Signoria, 13r
Bus B
Handgemachtes Schreibpapier, auch marmoriertes nach toscanischer Art, gehört zum Vorzug der Traditionsfirma, dazu ästhetische Schreibutensilien. Hervorzuheben sind die Lederartikel, wie Etuis und Mappen.

Scriptorium (F 4)
Via dei Servi, 5
Bushaltestellen am Domplatz
Edles Papier und formschöne Schreibgeräte sind die Domäne des Geschäfts, aber auch Ausstattungen fürs Büro.

Schmuck

Bijoux Cascio (E 5)
Via Por S. Maria, 1r
Bus B
Sorgfältig gearbeiteter fantasievoller Modeschmuck. Nicht gerade billig.

Bulgari (E 4/5)
Via Tornabuoni, 61/63r
Bus 6, 22, 36, 37
Der italienische Juwelier, in vielen Metropolen der Welt vertreten, lässt sich von der Antike anregen. Zeitlos ist auch sein moderner Schmuck.

Gatto Bianco (E 5)
Borgo Santi Apostoli, 12r
Bus B
Eigenwilligen Schmuck aus verschiedenen Materialien entwerfen und fertigen Carla und Walter Romani.

Schuhe

Beltrami (E 4/5)
Via Tornabuoni, 48r
Bus 6, 22, 36, 37
Vor allem Schuhe, aber auch feinste Taschen, Koffer und Lederkleidung von erlesenem Geschmack.

Salvatore Ferragamo (E 5)
Palazzo Spini Feroni,
Via Tornabuoni, 16r
Bus B, 6, 22, 36, 37
Ferragamo, der Schuhdesigner mit Welterfolg, präsentiert hier seine brandneuen Kreationen, daneben aber auch Marken-Mode für Damen und Herren. Sehenswert sind das Schuhmuseum und die fantasievollen Schöpfungen, mit denen der Zauberer in den 50er, 60er Jahren die Herzen der weiblichen Weltstars eroberte.

Stefano Bemer (C/D 5)
Borgo S. Frediano, 143r
Bus C, 6
Mit seinen Maßanfertigungen avancierte Bemer in dem Handwerkerviertel vom Schuster zum bewunderten Schuhkünstler.

Spielwaren

Città del Sole (D 4)
Borgo Ognissanti, 37r
Bus B, 62
Große und attraktive Auswahl an Spielen und Spielzeug, Puzzles und Büchern für junge Kunden.

Shopping

Stoffe & Dekoration

Casa dei Tessuti (E 4)
Via de' Pecori, 20–24r
Busstationen am Domplatz
Eine hochwertige Kollektion an Stoffen aus verschiedenen Materialien, wie Leinen, Wolle und Seide, steht zur Auswahl.

Passamaneria Toscana (E 4)
Piazza S. Lorenzo, 12r
Bus 1, 6, 7, 11, 17
Aufwendige, farbenfrohe Deko-Stoffe nach Florentiner Tradition, gefertigt in Heimarbeit. Zudem Kissen, Quasten und Borten.

Süßigkeiten & Kuchen

Dolci e Dolcezze (H 5)
– Piazza Beccaria, 8r
Mo–Sa 8.30–20.30 Uhr,
So 8.30–13, 16–20.30 Uhr
Bus 31, 32,
– Via del Corso, 41r (F 4)
Di–So 9.30–19.30 Uhr
Bus C, 14

Kuchen, Torten, Feingebäck, Schokoladen und Pralinen vom Besten, nach traditionellen und modernen Rezepten und Formen. Probieren Sie den Schokoladenkuchen oder die *torta di pere* (Birnentorte). Der freundliche Service und die Sonntagsöffnungen tragen ebenfalls zur Wertschätzung der berühmtesten *pasticceria* der Stadt bei.

Warenhäuser

Coin (F 4/5)
Via de' Calzaiuoli, 56r
Fußgängerzone
Bus 6, 22, 31, 32, 36, 37,
Via Tornabuoni
Breites Angebot an Kleidung, Kosmetik, Schuhen, Wohnaccessoires. Coin ist relativ preiswert.

Rinascente (E 4/5)
Piazza della Repubblica, 1r
Fußgängerzone
Bus 6, 22, 31, 32, 36, 37,
Via Tornabuoni
Rinascente ist ein Augenschmaus, sieht man doch hier ein umfassendes Warenangebot *made in Italy*. Immer wieder wird man den Ge-

Alles vom Feinsten: ob die wertvollen Stoffe...

Shopping

schmack wie die Erfindungsgabe bewundern. Reiche Auswahl in allen Sektionen.

Wein & Delikatessen

La Bottega dell'Olio
Piazza del Limbo, 2r (beim Grandhotel Berchielli)
Bus C, 6, 11
Die reinsten Olivenöle sind hier das A und O. Was auf Basis von Oliven hergestellt werden kann, ist in der geheimnisvollen Bottega zu finden, bis hin zu Kosmetika wie Seifen, Salben und Badeöle. Weiterhin werden traditionelle und gewürzte Essigsorten angeboten, eingelegtes Gemüse, Gewürze, dazu zünftiges Geschirr. Dekorative farbige Keramiken vermitteln einen Hauch toscanischen Landlebens. Eine Fundgrube für Mitbringsel. Und die winzige verträumte Piazza, die durch die Passage vom Lungarno degli Acciauoli oder dem Borgo Santi Apostoli zugänglich ist, stellt selbst schon eine Sehenswürdigkeit dar.

Enoteca Murgia (E 4)
Via dei Banchi, 55–57r
Bus 1, 4, 7, 10, 22, 23
(Via de' Panzani)
Bei der Auswahl der Weine oder Grappa-Sorten wie auch speziellen Olivenölen wird man zuvorkommend beraten.

Pegna (F 4)
Via dello Studio, 26r
Bus B, 14
Das Delikatessengeschäft nach Supermarkt-Art bietet alles, was das Herz an toscanischen Spezialitäten begehrt.

Stenio del Panta (E 3)
Via S. Antonino, 49r
Bus 10, 12, 25
Der Feinkostladen beim Mercato Centrale führt zahlreiche toscanische Spezialitäten. Um das Angebot, das die Regale bis zur Decke füllt, zu umreißen: Schinken, Würste und Käse, Weinsorten und Spirituosen, feinste Olivenöle, eingelegte Artischocken und andere Gemüse, zudem marinierter Fisch verschiedener Arten. Die italienische Küche setzt die besten Grundstoffe voraus – hier sind sie.

...oder die Köstlichkeiten aus der *pasticceria*

Nightlife

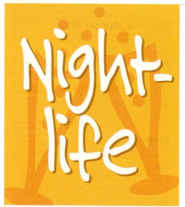

Nightlife fasste erst spät Fuß in Florenz. Seit den 80er Jahren trifft man sich vermehrt in Gruppen in Cafés und Bars, trinkt einen Aperitif, einen Prosecco, isst einen Snack oder geht ins Restaurant. Je nach Stimmung zieht man in eine Disco, und womöglich noch in eine nächste, um gegen Morgen irgendwo einen letzten Capuccino zu trinken. In der Innenstadt sind die Nächte nur im Sommer belebt. Rund um die Piazza della Republica bekommt man auf einer Terrasse auch spät noch einen Drink. In winterlichen Nächten hingegen sind die Straßen und Plätze nahezu verlassen. Wohl dem, der sich dann in eine Hotelbar zurückziehen kann.

Beliebte Lokale und Treffpunkte

Café Notte (D 6)
Via delle Caldaie, 28r
Tel. 055 22 30 67
So–Fr 8–2, Sa 8–3 Uhr
Bus C, 12, 13
Oltrano ist traditionell das Viertel der Kunstschaffenden. Das sympathische Nachtcafé bei der Piazza S. Spirito, das erst gegen 2 Uhr schließt, gehört zu ihren Treffpunkten. Kleine Speisen, gute Weine; freundliche Atmosphäre.

Il Caffè (D/E 6)
Piazza Pitti, 9r
Tel. 05 52 39 62 41
tgl. 11–2 Uhr, Fr und Sa ab 22 Uhr Livemusik
Bus C, 31, 32
Ein Lokal wie ein Chamäleon: morgens Café für die erste Tasse und mehr, mittags kleine Gerichte, abends Restaurant, Jazz und Soul als Livemusik zum Wochenende. Gemischtes Publikum mit internationalem Einschlag. Il Caffè ist mit bequemen Sofas ausgestattet, für Vertrauliches bieten sich Nischen an. Zeitungsleser treffen auf eine gute Auswahl.

Caffè Italiano (F 5)
Via d. Condotta, 56r
Tel. 055 29 10 82
tgl. 8–1 Uhr
Bus C
Vom Band erklingt Jazz oder Klassik. Doch das Italiano ist auch eine Piano-Bar. Die Wände präsentieren künstlerische Fotografien. Auf der unteren Ebene gibt es an der Bar nur Stehplätze, doch oben relaxt man auf Stühlen und Sesseln. Obwohl in der Nähe der Piazza della Signoria gelegen, bleibt das Italiano von Touristen weitgehend unbemerkt. Dieses Tagescafé mit Mittagsimbiss und appetitlichen Konditorwaren lebt erst am späteren Abend auf, wenn sich eine junge, kulturinteressierte Stammkundschaft einfindet.

Genesi (F 4)
Piazza Duomo, 20r
Tel. 055 28 72 47
Di–So 21–2 Uhr
Bushaltestellen am Domplatz

Nightlife

Florenz hat sich gemausert: Nicht immer konnte man sich hier die Nächte so gut um die Ohren schlagen

An den meisten Abend treten in der ansprechend gestylten Bar Jazzbands verschiedener Stile auf. Neben Fans bemerkenswert viele Liebespaare. Die Cocktails kosten rund 12 000 ltl. am Tisch serviert.

Harry's Bar (D 4)
Lungarno Vespucci, 22r
Tel. 05 52 39 67 00
Mo–Sa 19–24 Uhr
Bus B, 6, 11
Harry's ist wohl die einzige richtige American Bar der Stadt. Das Restaurant ist bekannt wegen seiner ausgezeichneten internationalen Küche, aber man kann auch kleine Gerichte ordern, sogar gute Hamburger. Das Publikum reicht von ausgesprochen leger bis elegant. Die wenigen Tische auf dem Lungarno am Arnoufer sind an Sommerabenden sehr begehrt. Heitere, leichte Atmosphäre.

Hemingway (C 5)
Piazza Piattellina, 9r
Tel. 055 28 47 81
Di–Do 16.30–1 Uhr, Fr, Sa 16–2 Uhr
Bus C, 6, 12, 13
An den Literatur-Nobelpreisträger erinnert nur die Dekoration. Überraschenderweise wird eine reiche Tee- und Schokoladenauswahl angeboten. Am Abend füllt sich das schöne Lokal in Oltrano mit gut aussehenden Leuten, die sich bei Cocktails, Wein und harten Drinks angeregt austauschen. Man ist gut drauf.

Rex Caffè Bar (G 4)
Via Fiesolana, 25r
Tel. 05 52 48 03 31
Mi–Mo 17–2.30 Uhr,
im Aug. geschl.
Bus 14, 23, 71
Eine Cocktail-Bar mit blauem Mosaik-Dekor für Twens und Ältere aus Florenz und aller Welt. Man unterhält sich bei Billard und Drinks angeregt bis in den Morgen. Bis 22 Uhr stehen frische Tapas bereit. An Wochenenden ist das Rex besonders quirlig. Cock-

 **Nightlife**

tails kosten um 10 000 ltl., ein Glas Wein 6000 ltl.

Zoe (F 6)
Via dei Renai, 13r
Tel. 055 24 31 11
20–1, Fr, Sa bis 2 Uhr, So geschl.
Ein guter Treffpunkt für solche, die hier bis nach Mitternacht verweilen. Aber auch für jene, die sich mit Zoe-Cocktails in Wanderstimmung bringen wollen. In lauen Sommernächten sitzt man mit seinem Bier vor der Tür.

Szene-Lokale

Cabiria (D 5/6)
Piazza S. Spirito, 4r
Tel. 055 21 57 32
So–Do 8–1.30 Uhr,
Fr/Sa –2.30 Uhr
Bus C, 11, 31, 32, 36, 37
In-Lokal, das den Kirchplatz für junge Leute bis zum Abend und in der Nacht zum Magneten macht. Was man an Drinks und kleinen Gerichten zu sich nimmt, scheint egal. Wichtig ist das Beisammensein in guter Atmosphäre. Die Terrassen-Tische sind umlagert.

Capocaccia (D/E 5)
Lungarno Corsini, 12/14r
Tel. 055 21 07 51
Di–So 12–16, 18–1, Mo 11–16 Uhr
Bus B
Das noch junge Lokal mit Fliesen und moderner Kunst an den Wänden ist ein sympathischer Treffpunkt aufgeschlossener Leute. Vorzügliche Snacks, offene Weine und ausgewählte Musik schaffen eine angenehme Stimmung.

Dolce Vita (D 5)
Piazza del Carmine
Tel. 055 28 45 95
Mo–Sa 11–2, So 17–2 Uhr
Bus C, 12, 13
Ein sehenswert gestylter Treff für die jungen Schicken und Schönen. Chrom, Plüschiges und falsche Tigerfelle sind absolut modisch. Hervorzuheben ist die schöne Terrasse zur Piazza. Gelegentlich werden Ausstellungen zeitgenössischer Künstler arrangiert.

Maramao Bar (G 5)
Via de' Macci, 79r
Tel. 055 24 43 41
Di–So 18–2 Uhr, ab 23 Uhr Disco
Bus 14
Die futuristisch anmutende Bar läuft erst spät richtig an. Das Publikum gibt sich modisch, um auch ›in‹ sein zu können. Ab 23 Uhr Disco auf der kleinen Tanzfläche. Gute Stimmung.

Porfirio Rubirosa (D/E 2)
Viale F. Strozzi, 18/20r
Tel. 055 49 09 65
Di–So 19–2 Uhr, Aug. geschl.
Bus A, 4, 8, 10, 13, 14, 20, 23, 25, 28, 33 (zur Fortezza da Basso)
Elegantes Bistro auf zwei Ebenen als Treff-Bühne für schicke, erfolgreiche Leute.

Rose's Café (D/E 5)
Via del Parione, 26r
Tel. 055 28 70 90
Mo–Sa 8–1, So 17–1 Uhr
Bus B, 6, 11
Das Café bei der Vigna Nuova mutet wie eine amerikanische Bar an. Zum Mittag gibt es kleine toscanische Speisen für ca. 20 000 ltl. Von 19–23 Uhr indes reicht man den anspruchsvollen Gästen Sushi. Cocktails sind *en vogue*. Kunstausstellungen tragen zum Flair moderner Aufgeschlossenheit bei.

Nightlife

Clubs & Discos

Die meisten Discos öffnen ab 23 Uhr, manche schließen im Sommer erst gegen 4 Uhr morgens.

Andromeda (F 5)
Via dei Cimatori, 13
Tel. 055 29 20 02
Mo–Sa ab 22 Uhr, So, Mai geschl.
Bus B, 14
Die Disco im Herzen des histori-

sen über die aufregendsten Neuerscheinungen. Der Samstag ist die heißeste Nacht. Eintritt 15 000 Itl., ein Drink frei.

Gallery (C 6)
Via Villani, 5a
Tel. 05 52 33 68 95
Mo–Sa 23–2 Uhr
Bus 12, 13 (Piazza Torquato Tasso)
Die vom Designer Remo Buti gestaltete Disco eröffnete erst im

Lust auf Abzappeln? – Dann los in den Tanz-Tempel

schen Viertels ist schon 20 Jahre alt. Und das Publikum ist nahezu ebenso viele Jahre jung. Hier kommen auch immer Stadtbesucher herein, die trotz ihrer Besichtigungstour Fitness beweisen. Die DJs halten die Jünger der Andromeda unentwegt in Hochstimmung. Eintritt 15 000–20 000 ltl.

Central Park (B 3)
Parco delle Cascine, 1
Tel. 055 33 34 88
tgl. ab 24 Uhr
Bus B, 1, 9, 12, 17, 26, 27
(Station Piazza Veneto)
Während der Sommermonate ist die schummrige Park-Disco absolut *trendy*. Die DJs demonstrieren hier stets ihr aktuellstes Wis-

Herbst '97 und wurde rasch zu einer der beliebtesten Adressen der Stadt. Dem gemischten Publikum stehen zwei Tanzflächen und einige Bars zur Verfügung.

Meccanò e Piccionaia (A 3)
Viale degli Olmi, 1
Tel. 055 33 13 71
Restaurant 21.30–23.30 Uhr,
Disco 23–4 Uhr
Bus B, 1, 9, 12, 17, 26, 27
(Station Piazza Veneto)
Das Meccanò am Anfang des Cascine-Parks gehört zu den absoluten Highlights der Nächte. Die Glashalle, die der vom Airport gleicht, scheint vor Tänzern überzuquellen. Das Publikum ist gemischt. Mit dem Eintritt von

Nightlife

Jazz Club: für einen gemütlichen Abend zu zweit – und dazu gute Jazzmusik

32 000 ltl. ist der erste Drink gratis. Für die nächtliche Heimfahrt sollte man als Frau ein Taxi nehmen, denn vom Fußweg zur Piazza Veneto ist abzuraten.

Rock Café (F/G 4)
Borgo degli Albizi, 66r
(Bargello-Viertel)
Tel. 055 24 46 62
Di–So 23–2.30 Uhr
Bus 14
Wenn Rockgruppen der ersten Garde Italiens auftreten, schlägt die Begeisterung hohe Wellen. An Samstagen zelebrieren hier auch die Gays und Lesben ihre Meetings.

Tenax (außerh.)
Via Pratese, 47
Tel. 055 30 81 60
Di, Do–So 23–3 Uhr
Bus 29, 30
Hardrock und Salsa sind angesagt in dieser hochbeliebten Stadtranddisco. Die Tanzfläche kann die zahlreichen begeisterten Tänzer kaum fassen.

Villa Kasar (K 6)
Lungarno Colombo, 21–23
Tel. 055 67 69 01
Di–So 22–4 Uhr, im Aug. geschl.
Bus 3, 31, 32
Ein multifunktionales großes In-Lokal am Arno mit Disco, Piano-Bar und Garten, zudem genießt man im Sommer die schöne Aussicht. Bei den jungen Florentinern rangiert die Villa in der Beliebtheit mindestens auf Platz drei.

Yab (E 5)
Via de' Sassetti, 5r
Tel. 055 21 51 60
Mo–Sa 20–4 Uhr, Aug. geschl.
Bus 6, 22, 31, 32, 36
Die Mega-Disco von Florenz und Umgebung. Das Musikprogramm reicht von lateinamerikanischen Rhythmen bis zum Jazz. Nach 1 Uhr in der Früh treffen sich hier auch die Schönen und Schicken.

Nightlife

Bei 30 000 ltl. Eintritt gibt es einen Frei-Drink.

Livemusik

The Auditorium Flog (außerh.)
Via M. Mercati, 24b
Tel. 055 49 04 37
unterschiedliche Öffnungszeiten, Do–Sa je nach Event
Bus 8, 14, 20, 28
Einer der beliebtesten und vielseitigsten Veranstaltungsorte für alle Arten von Jazz, aber das Flog fungiert auch als Disco. Das Publikum ist meist (aber nicht ausschließlich) im Studentenalter.

Be Bop (F 4)
Via de' Servi, 28r
tgl. bis 1 Uhr
Bus 14, 23
In dieser Kellerbar in der Straße zwischen Dom und der Piazza SS. Annunziata bieten gute Bands ein breites Jazz-Programm an. Zum Art Nouveau-Dekor passen fantasievolle Cocktails, aber auch deutsches Bier.

Du Monde (F/G 6)
Via di S. Niccolò, 103r
Tel. 05 52 34 49 53
Mo–Sa 20–24 Uhr
Bus C, 12, 23, 71
Das Lokal im *quartiere* San Niccolò in Oltrano erfreut sich großer Beliebtheit. Zunächst speist man zu Klavierklängen, doch zur fortgeschrittenen Stunde treten gute Jazzbands auf. Reservierung unbedingt empfohlen.

Jazz Club (G 4)
Via Nuova de' Caccini, 3
Tel. 05 52 47 97 00
Di–So ab 21.30 Uhr,
Mitte Juni–Mitte Aug. geschl.
Bus 14, 23, 31
Der Jazz Club im Nordviertel von S. Croce ist ein Evergreen des Florentiner Nachtlebens. Um 22 Uhr beginnen die Sessions. Das Publikum, das im Verlauf des Abends immer lebhafter wird, scheint überwiegend der studentischen Jugend anzugehören.

Le Murate (F 5)
Via Verdiana 52r
Mo–So 17.45–22.30 Uhr
Bus 14
Die interdisziplinäre Spielstätte war einst ein Frauengefängnis (man kann Zellen besichtigen). Hier finden im Sommer im Freien Performances, Theaterstücke und Livekonzerte vor einem aufgeschlossenen Publikum statt. Günstige Getränkepreise.

Gays & Lesbians

Flamingo (G 5)
Via Pandolfini, 26r
Tel. 055 24 33 56
Mo, Do–So 22–5 Uhr, Aug. geschl.
Bus 14a, B, C
Das vielseitige Flamingo bei Santa Croce ist Disco, Bar und Club, sogar ein Videoraum steht Schaulustigen zur Verfügung. Hier treffen sich Gays, aber nicht ausschließlich. Samstags sind Liveshows angesagt. Die Musik tendiert hart zu Techno. Eintritt frei.

Piccolo Café (F/G 5)
Borgo S. Croce, 23r
Tel. 055 24 17 04
tgl. 17–1 Uhr
Bus A, B, C, 14
In dem freundlichen ›Art-Café‹, das sich durch kulturelle Veranstaltungen und Ausstellungen auszeichnet, treffen sich Gays und Lesben, aber nicht ausschließlich.

Kultur & Unterhaltung

Ballett

Florence Dance Center (D 5)
Borgo della Stella, 23r
Tel. 055 28 92 76
Bus C, 6, 11, 36, 37
Die Truppe des Dance Center in der Nähe der Piazza del Carmine bietet modernen Tanz amerikanischer Prägung und genießt auch überregional einen guten Ruf.

Feste & Festivals

Januar
Am **Neujahrstag** findet auf dem Arno eine traditionelle Bootsparade statt, die *Sfilata dei Canottiere*. Der **6. Januar** ist der Festtag der guten Hexe Befana (von Epiphanias), Kinder erhalten Geschenke, Familienmitglieder und Freunde kommen zum gemeinsamen Abendessen zusammen.

Februar
An **Karnevalstagen** trifft man sich zu Kostümbällen und Festessen. Kostümierte Kinder flanieren mit ihren Eltern auf den Plätzen und Straßen der Innenstadt, besonders auf dem Lungarno Amerigo Vespucci.

März/April
Ostersonntag: *Scoppio del Carro*. Die ›Explosion des Karrens‹ ist ein Höhepunkt des großen kirchlichen und städtischen Festes. Ein gigantischer Holzkarren wird von weißen Ochsen von der Via il Prato zum Domplatz gezogen, geleitet von einem Festzug in historischen Kostümen. Um 11 Uhr fliegt nach der Messe eine (künstliche) Taube vom Altar hinaus und entzündet am Karren *(carro)* ein spektakuläres Feuerwerk. Wenn alles glatt läuft, wird es eine gute Ernte geben. Das Ritual geht auf das 12. Jh. zurück.

Ende April/Anfang Mai
Mostra Mercato Internazionale dell' Artigianato, Fortezza da Basso: Auf der Verkaufsmesse der Kunsthandwerker werden u. a. Glaswaren, Keramiken, Stoffe und Holzobjekte verschiedenster Art und Qualität ausgestellt.

Mai
Cantine Aperte: In der vierten Maiwoche öffnen sich die Weinkeller der Umgebung für ein Fest, auf dem man verkosten und kaufen kann. Information:
Tel. 05 86 89 60 60.
Mostra concorso dell' Iris: Die Schwertlilie ziert das Wappen der Stadt. Zudem spielt das edle Gewächs, das traditionell zwischen den Olivenbäumen gezogen wird, eine beachtliche wirtschaftliche Rolle. Die mehrere Tage dauernde Präsentation auf der Piazzale Michelangelo gipfelt in der Prämierung der schönsten Zucht.
Festa del Grillo, Parco delle Cascine: Nach altem Brauch schenken Liebende sich am **Himmelfahrtstag** gegenseitig eine Grille, die mit ihrem Gesang über die Abwesenheit des Partners hinwegtrösten

Kultur & Unterhaltung

soll. Im Park, wo man sie einst suchen musste, werden die Grillen heute in kleinen Käfigen erstanden.

Mai–Juni
Maggio Musicale Fiorentino, Teatro Comunale: Ein bedeutendes Musikfestival mit Opern, Konzerten, Balletten und Vorträgen, zu dem Künstler und Wissenschaftler aus aller Welt beitragen.

Mai–Juli
Itinerari Sconosciuti: Kirchen, Paläste und Monumente, die normalerweise nicht zu besichtigen sind, werden der Öffentlichkeit zugänglich gemacht.

Juni/Juli
Calcio in Costume: Auf der Piazza S. Croce tragen vier Mannschaften in mittelalterlichen Kostümen für ihre Viertel ein Turnier in einer turbulenten Sportart aus, die einer Mischung aus Fußball und Rugby gleicht. Festliche Umzüge in historischen Kostümen begleiten die volksfestartigen Veranstaltungen.
21. Juni: *Palio Remiero di S. Giovanni:* Drei Tage vor dem Namenstag des Stadtpatrons messen sich die vier historischen Stadtviertel im Wettrudern auf dem Arno. Die Rennstrecke zwischen den Uffizien und dem Ponte S. Trinita säumen Tausende von Zuschauern. Mit dem Finale ist gegen 19 Uhr zu rechnen.
24. Juni: *Festa di S. Giovanni – Patrone della Città:* Der Morgen des Namenstags beginnt mit einer Prozession von der Via del Corso zum Baptisterium in mittelalterlichen Kostümen. Teilnehmer sind die Mannschaften des Ruder-Palios, die Sieger und die Stadtoberen tragen das Madonnen-Banner des Heiligen. Nach dem Segnen der Kerzen im Baptisterium beginnt die Messe im Dom. Am Abend wird gegen 22 Uhr ein Feuerwerk – *I Fuochi di S. Giovanni* – bei der Piazzale Michelangelo abgebrannt.
Juni–Sept.: *Festival Notti d' Estate:* Im Sommer gibt es Festspielveranstaltungen auf vielen Plätzen und in den Gärten der Stadt mit Film, Videos, Theater, Musik und Lyrik. Information:
Tel. 05 52 62 59 10.

September
Festa delle Rificolone: Am **7. Sept.**, dem Vorabend zu Mariä Geburt, treffen Scharen von Mädchen und Jungen zu ihrem Lampionfest auf der Piazza SS. Annunziata zusammen, nachdem sie mit ihren selbst gebastelten fantasievollen Leuchten die innerstädtischen Straßen durchschwärmt haben. Ursprünglich sollen Landleute mit ihren simplen Laternen auf den Platz gezogen sein, um ihre Ware zu verhökern.

Oktober/November
Rassegna Internazionale Musica dei Popoli: Das Volksmusik-Festival besitzt international einen guten Ruf. Veranstaltungsort ist das Auditorium Flog. Information:
Tel. 05 54 22 03 00.

November/Dezember
Marathonlauf: Jeder, der über 18 Jahre alt ist, kann starten. Der Sieg wird mit 3 Mio Itl. dotiert.

Kino

Astra Cinehall (E 4)
Via Cerretani, 54r
Tel. 055 29 47 70
Bus 4, 6, 10, 14, 23, 31, 35
Das kleine, beliebte Erstaufführungskino liegt dicht beim Dom.

Kultur & Unterhaltung

Filme nur in italienischer Sprache. Aircondition.

Odeon (E 5)
Via de' Sassetti, 1
Tel. 055 21 40 68
Bus 22
Das klimatisierte Erstaufführungskino liegt angenehm zentral bei der Piazza della Repubblica. Jeden Montag laufen Filme in englischer Sprache.

Konzerte & Musiktheater

Amici della Musica (G 4)
(verschiedene Austragungsorte)
Via Sirtori, 49
Tel. 055 60 84 20
Die exquisiten Konzerte der ›Freunde der Musik‹ finden in der Regel im Teatro della Pergola (s. u.) statt. Zu ihren Komponisten zählen u. a. Bach, Haydn, Mozart, Schumann und Schubert, Beethoven und Brahms, wie auch die großen italienischen und französischen Meister.

Estate Fiesolana
Information und Karten in Fiesole:
Villa la Torraccia,
Via delle Fontanelle, 24
Tel. 055 59 99 83
Bus 7
Vorverkauf in Florenz:
Via Faenza, 139 (E 3)
Tel. 055 21 08 04
Busstation Hauptbahnhof
Im Zentrum der Fiesolaner Sommerfestspiele mit Theater, Film und Ballett stehen die Aufführungen in dem herrlich über dem Tal gelegenen römischen Amphitheater, dem Teatro Romano. Doch es gibt darüber hinaus noch andere Spielstätten, auch in Florenz.

Orchestra da Camera (E 5)
Gegründet 1981, ist das Kammerorchester der Florentiner Musiktradition verpflichtet. Das Repertoire umfasst Werke der großen klassischen wie auch modernen Komponisten, Sonderbereiche sind Barock und selten gespielte italienische Werke. Das Ensemble machte sich auch durch Tourneen im Ausland einen Namen. Spielort in Florenz ist zumeist der Orsanmichele, Via de' Calzaiuoli. Information: Tel. 055 78 33 74.

ORT – Orchestra della Toscana (F 5)
Via dei Benci, 20
Tel. 055 24 27 67
Karten am Teatro Verdi (s. S. 63)

Teatro Comunale (C 4)
Corso Italia, 16
Tel. 055 21 11 58, 05 52 77 94 10
Bus B
Das Haus ist Veranstaltungsort des Maggio Musicale. Doch auch außerhalb des Festivals widmet es sich überwiegend der Musik, der Oper, der Chormusik und dem Ballett. Heimstatt des Symphonieorchesters ›L'Orchestra del Maggio Musicale‹. Die Ballett-Company richtet das Festival Maggio Danza aus. Im Teatro Comunale gastieren auch bedeutende Symphonieorchester aus aller Welt.

Teatro della Pergola (G 4)
Via della Pergola, 12/32
Tel. 05 52 47 96 51
Bus 14, 23
Das Pergola wurde 1656 eröffnet und gilt als das älteste bespielte Theater Italiens. Die Intimität des Zuschauerraums ist von besonderem Reiz. Aufgeführt werden Stücke von Goldoni ebenso wie von Gegenwartsautoren; Kammeropern und Kammerkonzerte von

Kultur & Unterhaltung

Immer ein buntes Spektakel: die *estate Fiesolana*

florentinischen und internationalen Ensembles gehören zum ständigen Programm.

Theater

Teatro le Laudi (G 1)
Via Leonardo da Vinci, 2r
Tel. 055 57 28 31
Bus 13, 33
Klassisches und modernes Theater namhafter Autoren.

Teatro della Limonaia (außerh.)
Via Gramsci, 426,
Sesto Fiorentino
Tel. 055 44 08 52
Bus 2, 28
Alternativ-Theater in einer ehemaligen Limonadenfabrik. Während des ›Intercity Festival‹ gelangen auch Produktionen von zeitgenössischem Theater aus anderen europäischen Hauptstädten in der Originalsprache zur Aufführung.

Teatro Puccini (außerh.)
Piazza Puccini
Tel. 055 36 20 67
Vorverkauf: Via Faenza, 139r (E 3)
Tel. 055 21 08 04
Bus 2, 17, 29, 30, 35
Das Theater bietet ein buntes Programm von Off-Stücken, Kabarett und One-Man-Shows, das durch Gastspiele aus dem In- und Ausland bereichert wird. So gastieren hier Theatergruppen aus den Marken wie aus dem australischen Sidney oder die Broadway Musical Company aus New York.

Teatro di Refredi (außerh.)
Via Vittorio Emanuele II, 303
Tel. 05 54 22 03 61
Bus 8, 14, 20, 28
Theateraufführungen meist zeitgenössischer Autoren.

Teatro Verdi (G 5)
Via Ghibellina, 101
Tel. 05 52 39 62 42
Bus 14
Von der einstigen Pracht des 1854 eröffneten Opernhauses besitzt der Zuschauerraum in Rot und Gold noch einen Abglanz. Das Programm indes bietet jedem etwas, von der Oper bis zu Rockstars, vom Ballett bis zur Operette.

Freizeit & Fitness

Tut gut: ein erholsamer Nachmittag in den Boboli-Gärten

Aktivsport

Fitness
Palestra Ricciardi (G 4)
Borgo Pinti, 75
Tel. 47 84 44, 247 84 62
Bus 6, 14, 23, 31
Das Palestra im Nordteil des Bezirks S. Croce ist das modernste Fitness-Center der Stadt mit dem umfangreichsten Programm. Die Mitgliedschaft für einen Monat kostet ca. 120 000 ltl.

Golf
Centro Golf Ugolino (außerh.)
Via Chiantigiana, 3, Impruneta
Tel. 05 52 30 10 09
Die 18-Loch-Anlage liegt rund 20 km entfernt im Süden von Florenz. An manchen Wochenenden, wenn Turniere stattfinden, ist der Platz nicht für die Öffentlichkeit zugänglich.

Joggen
Wer lange Anfahrten scheut, joggt frühmorgens entlang den Uferstraßen am Arno. Beliebt bei Joggern sind die Wege im Cascine-Park (A/B 2/3), im Giardino dei Semplici (Eingang Via Micheli, 3, F/G 3) und die Straßen hinauf zum Forte di Belvedere (E 6/7).

Polo
Ippodromo delle Muline (A 2)
Cascine-Park
Tel. 05 56 22 60 76
Das Poloturnier im Juni bietet eine Gelegenheit, diesem Pferdesport als Zuschauer beizuwohnen.

Reiten
Managgio Marinella (außerh.)
Via di Macia, 21
Travalli Calenzana
Tel. 05 58 87 80 66
Man kann stundenweise reiten, es werden aber auch längere Ausflüge organisiert.

Rudern
Societa Canottieri Comunali (J 6)
Lungarno Ferrucci, 6
Tel. 05 56 81 26 49
Der Verein verleiht Boote. Der Arno führt auch im Sommer gelegentlich Hochwasser und ist dann für Ruderfahrten ungeeignet.

Schwimmen
Zodiac (außerh.)
Via Grandi, 2, Tavernuzze
Tel. 05 52 02 28 88
Bus 37

Freizeit & Fitness

Das Wassersportzentrum ist im Winter wie im Sommer zu nutzen. Tarvarnuzze liegt in Richtung Certosa. Auch Tennisplätze.

Tennis
Circolo Carraia (G 7)
Via Monti alle Croci
Tel. 05 52 34 63 53
Bus 12, 13
Die große Anlage liegt am grünen Hang von S. Miniato al Monte.

Unternehmungen mit Kindern

Boboli-Gärten (E 6)
Eingang Palazzo Pitti, Piazza Pitti
März, Okt. 9–17.30, Mai, April, Sept. 9–18.30, Juni–Aug.
9–19.30, Nov.–Feb. 9–16.30 Uhr
Erster und letzter Mo des Monats geschl.
Eintritt: 4000 ltl.
Bus 12, 13
In dem mit Figuren geschmückten großflächigen Park kann man spazieren gehen und spielen. Im Café: Erfrischungen und Snacks.

Cascine (A/B 2/3)
Bus C, 9, 10, 26, 27, 80
(Station Piazza V. Veneto)
Die einstigen Privatgärten der Medici sind bei den Florentinern beliebt. Kinder können nach Herzenslust spielen. Es gibt Spielsachen zu kaufen, Rollerblades zu mieten. Für Eis und Snacks sorgen Verkaufsstände.

Museo Stibbert (außerhalb)
Via Federico Stibbert, 26
Tel. 055 48 60 49
Mo, Di, Mi, Fr 10–13, Sa, So 10–17 Uhr, Do geschl.
Eintritt: 8000 ltl.
Bus 4 (Station Via Stibbert)

Interessant für ältere Kinder ist die glänzende Waffensammlung vergangener Epochen, die der schottische Offizier Frederick Stibbert zusammentrug und der Stadt vermachte. Eine szenisch arrangierte Schar von 14 Kavalleristen und Infanteristen des 16. Jh. tritt in voller Ausrüstung recht heldenhaft auf. Die schön gelegene Villa besitzt auch einen Garten.

Piscina Comunale Bellariva (K 6)
Lungarno Colombo, 6
Tel. 055 67 75 21
Eintritt 11 000 ltl. für Erw., 8000 für Kinder bis 14 Jahre
Bus 14
Sicheres Baden und Schwimmen für kleinere und größere Kinder gewährleistet die Badeanstalt unweit des Arno. Es gibt dort auch ein Olympiabecken, Liegewiesen und Schatten spendende Bäume.

Puppentheater Sala Vanni (C 5)
Piazza del Carmine
Tel. 055 69 76 62
Okt.–März
Bus 11, 36, 37, D
Vorstellungstermine telefonisch.

Traditionsfeste
Die in wunderschönen historischen Gewändern mit Pferden und Kappellen durch die Straßen ziehenden Festzüge finden überwiegend an Sonn- und Festtagen statt, wie am Ostersonntag *Lo Scoppio del Carro* auf dem Domplatz. Das größte Historienspiel ist *Calcio in Costumi,* das Turnier in einer Sportmischung aus Fußball und Rugby, das die Mannschaften von vier Stadtvierteln auf der Piazza S. Croce um den Siegespreis – eine lebende Kuh – austragen (s. auch S. 61).

Sightseeing

Stadtviertel

San Giovanni
Das Viertel ist benannt nach dem Schutzpatron der Stadt, dem auch das Baptisterium geweiht ist. Die Taufkirche bildet daher mit dem Dom und dem Campanile das Zentrum. Der geschäftige Bezirk umfasst auch den urhistorischen Kern über dem Quadrat der römischen Stadtgründung. Die hervorzuhebenden Kirchen sind S. Lorenzo, Orsanmichele, S. Marco und SS. Annunziata.

Santa Croce
Die Seele des vitalen Viertels mit noch mittelalterlich anmutenden Gassen ist die Kapuzinerkirche S. Croce mit dem Klosterkomplex und dem Festplatz. Hier liegen aber auch die einstigen Zentralen der Kommune, der Palazzo Vecchio und der Bargello. Ihre ehemaligen Amtsstuben, die Uffizien, füllten die Medici mit grandiosen Kunstwerken.

Santa Maria Novella
Mittelpunkt ist die Kirchen- und Klosteranlage gleichen Namens. Auch der moderne Hauptbahnhof wurde nach ihr benannt. Grandiose Architekturen und Kunstwerke dieses Viertels: S. Maria Novella, das Abendmahlfresko von Ghirlandaio im ehemaligen Kloster Ognissanti, die Kirche S. Trinita, die Paläste Davanzati, Rucellai und Strozzi sowie die Fortezza da Basso.

Santo Spirito
Im Viertel des Oltrano (›jenseits des Arno‹) erhebt sich die Kirche S. Maria del Carmine mit den weltberühmten Fresken Masaccios – sie ist seit jeher Mittelpunkt dieses Quartiers. Daran konnte auch der mächtige Palazzo Pitti nichts ändern, in dem die Großherzöge und der erste König nach Italiens Vereinigung residierten. Santo Spirito gilt als Viertel der Künstler, Kunsthandwerker und -händler, der Restaurateure und Antiquare. Um S. Frediano dehnt sich der ehemalige Bezirk der Wollhändler aus. Von S. Miniato al Monte hat man einen der herrlichsten Blicke über Stadt und Tal.

Bauwerke, Brücken, Plätze

Forte di Belvedere (E 6/7)
Via Forte di S. Giorgio
im Sommer tgl. 9–20,
im Winter 9–18 Uhr
Bus 13
Die 1590 für Großherzog Ferdinand I. erbaute Festung über den Boboli-Gärten gipfelt in einem schönen Schlösschen. Ein Platz für Picknicks mit herrlicher Aussicht. Eintritt für die Ausstellungen zeitgenössischer Skulpturen.

Loggia dei Lanzi (F 5)
Piazza della Signoria
Bus A, 23

Sightseeing

Florenz: quirliges Leben bewacht von viel Historischem

Die Loggia wurde 1374–81 unter der Leitung von Benci di Cione und Simone Talenti für Versammlungen der republikanischen Stadtregierung und für Feste erbaut. Der Name stammt von den im 16. Jh. hier postierten Lanzknechten *(lanzichenecchi)* der Medici. Die offene Halle bildet nun den wunderbarsten Rahmen für Skulpturen der Antike und der Renaissance. Der ›Raub der Sabinerinnen‹ (1583) von Giambologna und der ›Perseus‹ (aufgestellt 1554) von Benvenuto Cellini gehören zu den berühmtesten Werken des Figurenensembles, das die Piazza della Signoria so einzigartig verschönt.

Loggia del Mercato Nuovo (E 5)

Via Porta Rossa/Via Calimala
Bus C
Die nach allen Seiten offene Loggia erbaute Giovanni Battista del Tasso 1547–51 für die Goldschmiede und Seidenhändler. Bankrotteure stellte man auf einen Stein in der Mitte auf den Pranger, der noch zu sehen ist. Heute Markthalle für Lederwaren, Strohartikel und Souvenirs.

Ospedale degli Innocenti (F/G 3)

Piazza della SS. Annunziata, 12
Mo–So 9–14,
Mi geschl.
Bus 6, 31, 32
Auf den ehemaligen Zweck des Bauwerks verweisen an der Fassade die Medaillons mit den Wickelkindern: Es diente als Findelhaus. Die Architektur ist bemerkenswert großzügig, trat als Stifter doch die reiche Zunft der Seidenhändler auf. Begonnen wurde das ›Hospital der Unschuldigen‹ von Brunelleschi 1419, vollendet 1445 von Francesco della Luna. Filippo Brunelleschi (1377–1446) hatte aus Vorbildern der Römerzeit einen neuen Stil entwickelt. Das Museum zeigt beachtliche Kunstwerke, so eine Altartafel mit der ›Anbetung der Könige‹ (1488) von Ghirlandaio.

Sightseeing

Palazzo dell' Arte della Lana (E 5)
Via dell' Arte della Lana/
Via Orsanmichele
Bus C
Die Zunft der wohlhabenden Wollkaufleute *(Arte della Lana)* erwarb den Palast 1308. Sein mittelalterliches Erscheinungsbild blieb auch nach der Restaurierung Anfang des 20. Jh. erhalten. Im Innern Fresken des 14. Jh. Der Brückengang (1569) führt zu den oberen Sälen des Orsanmichele. Der Tabernakel an der Nordostecke birgt ein Tafelbild mit der ›Madonna auf dem Thron‹ von Jacopo del Casentino (um 1334).

Palazzo Davanzati (E 5) (Museo della Casa Fiorentina Antica)
Via Porta Rossa, 13
Wegen Restaurierung geschl.
Bus 6, 22, 31, 32
Der für die Erbauungszeit Mitte 14. Jh. typische Palast gelangte 1578 in den Besitz des Kaufmanns und Gelehrten Bernado Davanzati. Der Kunstsammler Elia Volpi erwarb ihn zu Beginn des 20. Jh. und vermachte ihn 1951 dem Staat. Der Palast wurde im Mittelalter üblicherweise von mehreren verwandten Familien bewohnt. Die original eingerichteten Räume vermitteln einen Eindruck vom Leben im 14 Jh.

Palazzo Medici Riccardi (F 4) Cappella dei Magi
Via Cavour, 1
Tel. 05 52 76 02 40
Mo, Di, Do–Sa 9–13, 15–18,
So und feiertags 9–13 Uhr,
Mi geschl.
Eintritt: 6000 Itl., erm. 4000 Itl.
Bus 1, 6, 17
In dem Palazzo, den Michelozzo entwarf, wohnten die Medici von 1444 an, bis sie 1540 in den Palazzo Vecchio zogen. Das wehrhaft raue Bossenmauerwerk der Außenfassade kontrastiert mit dem graziös wirkenden Innenhof, den ein Säulengang und zwölf Rundmedaillons aus der Werkstatt Donatellos dekorierten. Die Marmorstatue des ›Orpheus‹ fertigte Baccio d' Agnolo. Hinter dem Hof liegt ein anmutiger Garten mit Skulpturen (17. Jh.). Im Palast sind verschiedene Ämter untergebracht. Man kann die Medici-Kapelle im ersten Stock besichtigen. Benozzo Gozzoli schmückte sie im Auftrag von Cosimo d. Ä. mit Fresken aus, die den ›Zug der hl. drei Könige‹ (um 1460) darstellen. Neben den Porträts der Medici in der Rolle der Könige beeindruckt die Fülle an Gestalten und die märchenhafte toscanische Landschaft. Das kleine Medici-Museum ist der Geschichte der Dynastie gewidmet. Den Palast erwarben die Riccardi, die ihn 1670 erweiterten.

Palazzo Strozzi (E 4/5)
Piazza degli Strozzi
Bus 6, 22, 31, 32, 36, A
Gilt als der architektonisch vollkommenste Palast der Florentiner Renaissance, er beeinflusste den Palastbau der Folgezeit (etwa Medici Riccardi, Pitti). Entworfen von Giuliano da Sangallo, wurde das Bauwerk 1489 von Benedetto da Maiano begonnen und 1504 von Cronaca abgeschlossen. Für die Vollendung hatte sich Lorenzo il Magnifico eingesetzt, da der Bauherr Filippo Strozzi 1491 starb. Dem Passanten fallen zunächst die klobigen Rustikaquader, dann die vornehmen Biforienfenster sowie die Fackelhalter und Laternen auf. Der schöne Innenhof (vollendet 1536) wird von schönen Arkaden und Loggien gesäumt. Heute

Sightseeing

haben hier Kulturinstitute ihren Sitz, zeitweise werden beachtenswerte Kunstausstellungen und Modeschauen veranstaltet.

Piazza della Repubblica (E 4)
Bus 6, 22, 31, 32, 36, 37
(Via Tornabuoni)
Für die Platzanlage wurden um 1890 Komplexe des mittelalterlichen Kerns wie einige Paläste, Wohnhäuser, der Mercato Vecchio und das Ghetto abgerissen. In der Antike stand hier ein Teil des Forums. Das weite Karree wird heute von stattlichen Gebäuden im Gründerzeitstil mit Geschäften und Restaurants gesäumt. Die Säule mit der Nachbildung von Donatellos ›Abbondanza‹ (Überfluss) erinnert noch an den Markt. An ihrer Stelle erhob sich schon da zur Römerzeit eine Säule, die den Mittelpunkt der Stadt markierte.

Piazza SS. Annunziata (F/G 3)
Bus 6, 31, 32
Die Anlage der schönen symmetrischen Renaissance-Piazza begann mit dem Bau des Ospedale degli Innocenti 1445. Als Kopie wurde ihm 1525 durch da Sangallo und d'Agnolo die Loggia der Bruderschaft der Serviten gegenübergestellt. Die Kirche SS. Annunziata erhielt 1604 ihren Portikus nach dem Vorbild des Findelhauses, so dass der Platz dann auf drei Seiten von Loggien umgeben war. Die vierte Seite nehmen der Palazzo Grifone (1563) und andere vornehme Gebäude ein. In der Mitte erhebt sich das Reiterdenkmal des Großherzogs Ferdinand I., ein Werk von Giambologna, das sein Schüler Pietro Tacca 1606 vollendete. Die Einheit des Ensembles ist in Florenz beispiellos.

Piazza della Signoria (F 5)
Bus A, 23
Das Hauptgebäude am Platz ist der Palazzo Vecchio, ursprünglich als ›Palast des Volkes‹ Sitz der republikanischen Stadtregierung, sodann der Medici-Fürsten. Begonnen 1299, wurde der vordere Kern des kastellartigen Bauwerks mit dem 94 Meter hohen Wehrturm 1302 vollendet. Als Baumeister wird Arnolfo di Cambio genannt, der Dombaumeister. Den Eingang zum Palazzo schmückt der Marzocco, der Löwe mit dem Florentiner Lilienwappen (1420), den Donatello schuf. Der Marzocco war das Symbol der Stadtfreiheit. Den hoheitlichen Charakter des Platzes unterstreicht der Skulpturenschmuck. Michelangelos überlebensgroßer ›David‹ (1501–04) symbolisiert den Behauptungswillen gegen die mächtigsten Feinde. Donatellos ›Judith und Holofernes‹ demonstriert die Überwindung der Tyrannen. ›Herkules tötet Cacus‹ (1533–34) fertigte Baccio Bandinelli im Auftrag von Alessandro de' Medici, der sich mit Herkules identifizierte. Auch Statuen der Loggia dei Lanzi wie der ›Perseus‹ von Cellini veranschaulichen den kämpferischen Geist der Stadt und der Medici. Der Neptunbrunnen wurde von Bartolomeo Ammannati aus Anlass der Hochzeit (1565) zwischen Francesco de' Medici mit der Kaisertochter Johanna von Österreich geschaffen, aufgestellt wurde er 1575. Der Meeresgott soll von der neuen Seeherrschaft des Großherzogtums künden. 1587–95 schuf Giambologna das Reiterstandbild Cosimos I. Es war das erste Reitermonument eines Fürsten in der Öffentlichkeit. Dem Palazzo Vecchio schließen sich die Uffizien mit der weltberühmten Galerie an.

Sightseeing

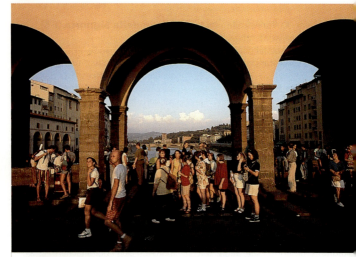

Der Ponte Vecchio ist internationaler Treffpunkt

Von den Palästen an der Piazza sind der Tribunale di Mercanzia (Handelsgericht, 1359/1905) und der Palazzo Uguccioni (1559) hervorzuheben.

Ponte Vecchio (E 5)
Bus C
Die Brücke gehört zu den unverwechselbaren Wahrzeichen der Arno-Stadt. Sie kann sich auf eine Vorgängerin aus der Römerzeit berufen. Im 16. Jh. zogen die Goldschmiede und Juweliere zu und machten den Ponte Vecchio mit seinen Läden zu einer Häuserbrücke, von denen in Europa nur noch wenige erhalten sind. Vasari rüstete sie mit einem Korridor aus, durch den die Medici-Fürsten ungesehen vom Palazzo Vecchio zum Palazzo Pitti gelangen konnten. In der Mitte wurde 1900 eine Bronzebüste des Multitalents aufgestellt, die Raffaele Romanelli fertigte. Gegen Ende des Zweiten Weltkriegs wurde der Ponte Vecchio als einzige Arnobrücke der Stadt von der Sprengung durch die deutschen Truppen ausgenommen.

Kirchen

Badia Fiorentina (F 5)
Via del Proconsolo
Mo–Sa 16.30–18.30,
So 10.30–11.30 Uhr
Bus 14, 23
Die älteste Abtei von Florenz gründete 978 Willa zum Gedenken an ihren verstorbenen Gemahl Umberto, Markgraf der Toscana. Für Markgraf Hugo, Sohn des Paares, schuf Mino da Fiesole das Grabmal (1481). Die einst romanisch-gotische Kirche wurde barockisiert. Sehr sehenswert ist Filippino Lippis ehemaliges Altarbild ›Die Madonna erscheint dem hl. Bernhard‹ (1486, links beim Eingang). Im Kreuzgang, *Chiostro degli Aranci*, widmete ein unbekannter Meister dem hl. Benedikt einen beachtenswerten Freskenzyklus (um 1436/39).

Sightseeing

Das Baptisterium mal aus ganz anderer Perspektive

Battistero (E 4)
Piazza S. Giovanni
Mo–Sa 13.30–18,
So 9–12 Uhr
Eintritt 10 000 ltl.
Bus 14, 23
Das dem hl. Johannes, dem florentinischen Schutzpatron, geweihte Baptisterium gehört zu den ehrwürdigsten Sakralbauten der Stadt. Hier wurden bis ins 19. Jh. alle Neugeborenen getauft. Erbaut im 11. Jh., ist der oktogonale Kuppelbau wohl das schönste Bauwerk der Romanik in der Toscana. Die Fassade strukturiert weißer und dunkelgrüner Marmor. Die grandiosen Bronzeportale schufen im Süden Andrea Pisano (1330–35), im Norden (1401) wie im Osten (1425–52) Lorenzo Ghiberti. Die Osttür nannte Michelangelo ›Pforte zum Paradies‹. Die Reliefs gehören bereits zur Renaissance. Den mit mächtigen römischen Säulen und Marmorkrustationen dekorierten Innenraum überspannt das figurenreiche Kuppelmosaik im byzantinischen Stil. Venezianische und florentinische Meister führten die Arbeit aus. Es wird beherrscht von Christus als Weltenrichter. Das Grabmal des Gegenpapstes Johannes XXIII. ist eine Gemeinschaftsarbeit von Michelozzo und Donatello (1424–27).

Duomo S. Maria del Fiore (F 4)
Piazza Duomo
Mo–Sa 10–17, So 13–17 Uhr
Bus 14, 23
Das viertgrößte Gotteshaus des Abendlandes wurde als Bürgerdom der Republik Florenz erbaut. Arnolfo di Cambio begann das Titanenwerk 1296, geweiht wurde der Dom 1436. Die Kuppel, ein technisches Wunder, vollendete Brunelleschi 1446. Die Außenwände der Kathedrale sind mit Marmor inkrustiert, in den Nischen stehen Heiligenfiguren. Der frei stehende Campanile, ebenfalls marmorinkrustiert (Giotto, 1334), ist Italiens schönster Glockenturm. Von der einst überreichen Innen-

Sightseeing

...immer um den Dom herum

Ognissanti (D 4)
Borgo Ognissanti, 42
Tgl. 8–12, 16–19 Uhr die Kirche, ›Abendmahl‹ von Ghirlandaio nur Mo, Di, Sa 9–12 Uhr
Bus 12

Die 1251 gegründete Kirche erhielt 1637 von Matteo Nigetti eine neue Gestalt, mit Ausnahme des Campanile. Das barocke Innere enthält sehenswerte Kunstwerke: z. B. Botticellis großartiges Fresko des ›hl. Augustinus‹ (1480) oder Ghirlandaios Fresko des ›hl. Hieronymus‹ (1480). Im Refektorium kann man sein ›Abendmahl‹ (1480) bewundern, eine reich gestaltete Gartenszene über die ganze hintere Schmalwand. Das Fresko wird gegenwärtig restauriert.

Orsanmichele (E 5)
Via de' Calzaiuoli
Tgl. 9–12, 16–18 Uhr, erster und letzter Mo des Monats geschl.
Bus A

Die Vorgängerin S. Michele in Orto (im Garten) wurde 895 gebaut. Das Grundstück des Orsanmichele sprach man 1290 den Kornhändlern zu, die hier den Getreidemarkt abhielten. Nach einem Feuer 1304 wurde der palastartige gotische Bau 1337–50 als städtischer Getreidespeicher und Oratorium neu errichtet. Zudem wurde er Zentrum der reichen Zünfte. Die Arkaden für den Markthandel schloss man etwa 1380. Der Bildhauer und Architekt Andrea Orcagna schuf für die Bruderschaft dei Laudesi ein kostbares Marmortabernakel (1355–59), welches das Tafelbild ›Madonna der Gnaden‹ von Bernardo Daddi (1347) umgibt. In den 14 Fassadennischen stellten die Zünfte Figuren ihrer Schutzheiligen auf, die von Meistern der frühen Renaissance-Plastik wie Donatello und Ghiberti geschaffen wurden.

ausstattung des Doms verblieb ein Zyklus von Glasgemälden, für die Ghiberti, Donatello, Uccello und Castagno die Vorlagen entwarfen. Das Kuppelfresko mit dem ›Jüngsten Gericht‹ legten Vasari und, nachfolgend, Frederico Zuccari an. Hervorzuheben sind die freskierten Reiterstandbilder von Uccello und Castagno sowie das berühmte Gemälde von Domenico di Michelino, das Dante mit der ›Divina Commedia‹ zeigt. Michelangelo wurde hier beigesetzt, an Giotto und Brunelleschi erinnern Ehrenmahle. Den Hauptaltar ziert ein Holzkruzifix von Benedetto da Maiano (um 1490).

Sightseeing

S. Croce (G 5)
Piazza S. Croce
Im Winter: Mo–Sa 8–12.30,
15–18.30, So 15–18, im Sommer:
Mo–Sa 8–18, So 15–18 Uhr
Bus B, 13, 14

Die Franziskanerkirche, 1294/95 von Arnolfo di Cambio gestaltet, gehört zu den Lieblingsstätten der Florentiner wie der Touristen. Hier wurden Berühmtheiten wie Michelangelo, Machiavelli, Galilei und Rossini bestattet. Das Dante-Grab ist allerdings symbolisch zu verstehen, da der verbannte Dichter in Ravenna starb. Attraktionen des weiten, dreigeteilten gotischen Kirchenschiffs sind Donatellos Relief der ›Verkündigung‹ (um 1435) am Grab des Humanisten Leonardo Bruni, die Fresken von Giotto in den Kapellen Bardi und Peruzzi und die von Agnolo Gaddi angelegte Cappella Maggiore. Sehenswert ist auch die *Cappella de' Pazzi* von Brunelleschi (um 1430), geschmückt mit Terrakottatonden der Apostel von Luca della Robbia und der Evangelisten (evtl. Brunelleschi).

S. Lorenzo (E 4)
Piazza S. Lorenzo
Tgl. 7–12, 15.30–17 Uhr
Bus 1, 17

Die Hauskirche der Medici, begonnen 1420 nach Plänen von Filippo Brunelleschi und vollendet 1460 von Antonio Manetti, ist eine der frühesten Schöpfungen der Florentiner Renaissance.

Cappelle Medicee
Piazza Madonna degli Aldobrandini, 6 (Kirche S. Lorenzo)
Tgl. 8.30–15.50 Uhr (letzter Einlass 30 Min. vor Schließung)
1., 3., 5. Mo im Monat geschl.
Eintritt 11 000 ltl.

In der Krypta wurden gewöhnliche Familienmitglieder beigesetzt. Die prächtige *Cappella dei Principi*, ein Kuppelbau von Buontalenti, war den sechs Großherzögen vorbehalten, von Cosimo I. (1519–74) bis Cosimo III. (1642–1723); die *pietra dura*-Ausstattung (1604–1962) galt als Weltwunder. Die *Sagrestia Nuova* dient weit mehr dem Ruhm Michelangelos als dem der hier bestatteten Fürsten: Er erbaute die Sakristei (1520–34) und schuf die Grabmäler für Lorenzo, Herzog von Urbino, und Giuliano, Herzog von Nemours, Sohn und Enkel Lorenzos des Prächtigen. Beide Fürsten stellte er in weißem Marmor als römische Feldherren dar. Diese Porträts werden von vier Liegefiguren auf den Sarkophagen flankiert, die zu seinen größten Werken gehören: zu Lorenzo ›Morgen‹ und ›Abend‹, zu Giuliano ›Nacht‹ (mit Eule) und ›Tag‹.

S. Maria del Carmine (C/D 5)
Piazza del Carmine
Tel. 05 52 38 21 95
Mo, Mi–Sa 10–17, So und feiertags 13–17 Uhr, Di geschl.
Eintritt: 5000 ltl.
Bus 11, 36, 37, D

Die Karmeliterkirche wurde 1771 durch einen Brand zerstört und dann barock gestaltet. Der Seidenhändler Francesco Brancacci stiftete sie nach seiner Rückkehr von einer diplomatischen Mission aus Ägypten. Im Mittelpunkt des Interesses stehen die Fresken von Masaccio, Masolino und Filippo Lippi (s. Extra-Tour 5, S. 93).

S. Maria Novella (D/E 4)
Piazza S. Maria Novella
Mo–Do, Sa 9–14, So und feiertags 8–13 Uhr, Fr geschl.
Tel. 055 21 01 13
Bus Hauptbahnhof

Der romanisch-gotische Komplex der Kirchen- und Klosteranlage

Sightseeing

wurde von 1246–1300 erbaut. Die herrliche inkrustierte Fassade zum Platz hin ist eine Renaissance-Komposition von Alberti (1476). Unter den Kunstschätzen der Basilika verdient der großartige Freskenzyklus (1485–90) des Domenico Ghirlandaio in der Hauptchorkapelle besondere Beachtung. Der Altar trägt ein bronzenes Kruzifix von Giambologna, während die Gondi-Kapelle ein in Holz gearbeitetes Kruzifix von Brunelleschi birgt. Die Cappella Rucellai besitzt eine marmorne Madonnenstatue von Nino Pisano (nach 1348). In der Cappella Strozzi legte Filippino Lippi effektvolle Fresken zu alttestamentarischen Themen an (vollendet 1502).

Chiostri di S. Maria Novella
Mo–Do, Sa 9–14, So und feiertags 9–14 Uhr, Fr geschl.
Eintritt: 5000 ltl.
Im idyllischen Kreuzgang (*Chiostro verde*) des Klosters schufen um 1430 Paolo Uccello und drei andere Meister Fresken zu alttestamentarischen Themen, die nach den starken Hochwasserschäden von 1966 in den 80er Jahren restauriert wurden. Zu den Motiven gehören Adam und Eva im Paradies und ›Die Sintflut‹, die schon perspektivisch angelegt wurde. In der Spanischen Kapelle der Eleonora von Toledo, der Gemahlin von Cosimo I., sieht man Fresken von Andrea da Firenze.

S. Miniato al Monte (G 7)
Via di S. Miniato al Monte
Im Winter: 8–12, 14–18,
im Sommer bis 19 Uhr
Bus 12, 13
Die ehemalige Benediktinerabtei (1018) mit der unvergleichlichen Marmorfassade leuchtet weithin über das Tal und Florenz. Der Vorgängerbau entstand über dem Märtyrergrab des hl. Minias, der im 3. Jh. unter Kaiser Decius in Florenz enthauptet wurde und dennoch dann den Hügel erstiegen haben soll. Im Innenraum fasziniert die Stileinheit des 13./14. Jh. Das frei stehende Marmorziborium schuf Michelozzo 1448. Die Krypta mit antiken Säulen und Kapitellen besticht durch ihre Spiritualität.

S. Spirito (D 5)
Piazza S. Spirito,
Tgl. 8–12, 16–18 Uhr,
Mi nachmittags geschl.
Bus 7, 11, 31, 32, 36, 37, D
Die Augustiner gründeten das Kloster im 13. Jh. und beauftragten später Filippo Brunelleschi mit der Gestaltung. Architektonisch gleicht die Aufteilung der von S. Lorenzo, doch wird eine einheitlichere Raumvorstellung verwirklicht.

S. Trìnita (E 5)
Piazza S. Trìnita
Mo–Sa 8–12, 16–18,
So 16–18 Uhr
Bus C, 6, 11, 31, 32, 36, 37
Gegründet von den Vallombrosanern im 11. Jh., erhielt die Klosterkirche im 13./14. Jh. ihre gotische Gestalt über dem Grundriss eines ägyptischen Kreuzes. Besonders sehenswert: Domenico Ghirlandaios ›Anbetung der Hirten‹ (1483–86) in der Sassetti-Kapelle nimmt einen hohen Rang ein. Hier befinden sich auch seine herrlichen Fresken zum Leben des Franz von Assisi, unter denen die ›Erweckung eines Knaben‹ hervorzuheben ist. Auch der Freskenzyklus zum Marienleben von Lorenzo Monaco in der Bartolini-Salimbeni-Kapelle verdient Beachtung. Die barocke Fassade zum vornehmen Platz schuf Bernado Buontalenti 1594.

Sightseeing

Museen & Galerien

Vor Ort kann man einen Museumspass *(carnet dei musei fiorentini)* für 10 000 ltl. erstehen (ein Jahr gültig), mit dem man 50 % Nachlass an der Museumskasse erhält (u. a. Palazzo Vecchio, Cenacolo di S. Spirito, Museo Bardini, Museo di S. Maria Novella, Museo di Firenze com'era, Cappella Brancacci in S. Maria del Carmine).

Bargello (F 5)
Via del Proconsolo, 4
Tel. 05 52 38 86 06
Di–So 8.30–13.50 Uhr,
Mo geschl.
Eintritt: 8000 ltl.
Bus 14
Einst kastellartiger Stadtpalast (1255), dann Gerichtshof und ab 1574 Kommandantur des Polizeihauptmanns *(bargello)*. Der mit Arkaden und Skulpturen geschmückte Burghof ist eine Sehenswürdigkeit für sich. Besonders wertvoll ist die Sammlung der Renaissance-Skultpuren, u. a. von Donatello, Michelangelo und Cellini. Im zweiten Stock Kleinbronzen sowie Fayencen der Della Robbia. Waffensaal; Raumkunst.

Casa Buonarroti (G 5)
Via Ghibellina, 70
Tel. 055 24 17 52
Tgl. außer Di 9.30-16 Uhr
Bus 14
Eintritt: 12 000 ltl.
Michelangelo Buonarroti (1475–1564) selbst hat das Haus nie bewohnt. Er kaufte das Grundstück für seinen Neffen Leonardo und riet ihm zum Bau. Leonardos Sohn gestaltete es später zu einer Gedenkstätte für den Künstler aus. Die Galleria zeigt ein Bildprogramm mit den wichtigsten Stationen aus dem Leben des *divino*. Von ihm selbst sind Frühwerke zu sehen, wie die Basreliefs ›Madonna della Scala‹ (Treppenmadonna, um 1491) und die ›Kentaurenschlacht‹ (um 1492) sowie ein hölzernes Kruzifix (um 1494).

Casa di Dante (F 5)
Via S. Margherita, 1
Tel. 055 21 94 16
Im Winter 10–16, So 10–14 Uhr,
im Sommer 10–18, So 10–14 Uhr,
Di geschl.
Eintritt: 5000 ltl., erm. 3000 ltl.
Bus A, 14
Das Gebäude in dem mittelalterlichen Viertel wurde 1875–1910 auf den Resten der Wohnstatt der Alighieri-Familie errichtet und im Dante-Jahr 1965 als Gedenkstätte eröffnet. Ausgestellt sind Dokumente und Werke Dante Alighieris (1265–1321) . In der Nähe befindet sich die Kirche S. Margherita de' Cerchi, wo der Dichter zum ersten Mal Beatrice, die er durch seinen lyrischen Roman ›Vita Nova‹ unsterblich machte, gesehen haben soll.

Firenze com' era e Giardino delle Oblate (F 4)
Via Oriuolo, 4
Tel. 05 52 61 65 45
Mo–Mi, Fr, Sa 9–14,
So 8–13 Uhr, Do geschl.
Eintritt 5000 ltl.
Bus C, 14, 23
Wie Florenz einmal war, das ist Generalthema dieser großzügigen Dokumentation der Stadtgeschichte. Zu sehen sind 14 Lünetten des Justus Utens, der Ende des 16. Jh. die Medici-Villen und -Gärten malte, auch solche, die heute nicht mehr existieren. Beachtung verdienen Stadtansichten etwa der Romantik und die fotografischen Dokumente seit Ausgang des 19. Jh.

Sightseeing

Die Uffizien – eines der prächtigsten Museen der Welt

Galleria dell' Accademia (F 3)
Via Ricasoli, 60
Tel. 05 52 38 86 09
Di–So 8.30–18.50 Uhr,
Mo geschl.
Eintritt: 12 000 ltl.
Busstation S. Marco
Im Zentrum der Skulpturensammlung stehen die einzigartigen Werke Michelangelos, zu denen auch das Original des ›David‹ (1504) gehört. Die Marmorstatue wurde 1887 vor dem Palazzo Vecchio durch eine Kopie ersetzt. Die Gemäldesammlung zeigt vor allem Bilder des 14. Jh. In der 1784 gegründeten Accademia wurden Kunstwerke zusammengeführt, die den Studenten als Beispiel dienen sollten. Viel Zeit einplanen; manchmal steht man schon vor der Kasse Schlange.

Galleria d'Arte Moderna (D/E 6)
Palazzo Pitti
Tel. 05 52 38 86 16
Tgl. 8.30–13.50 Uhr
Bus D
Eintritt: 8000 ltl.
Obwohl Florenz im 19. und frühen 20. Jh. keine epochalen Kunstwerke hervorbrachte, ist die Ausstellung einen Besuch wert. Zu den Meistern zählen etwa Giorgio de Chirico, Giorgio Morandi, Renato Guttuso und Giacomo Manzù.

Sightseeing

**Galleria Palatina
Appartamenti Reali** (D/E 6)
Palazzo Pitti
Tel. 05 52 38 86 14
Di–So 8.30–18.50 Uhr,
Mo geschl.
Eintritt: 12 000 ltl.
Bus D

Namensgeber des Palastes war der Kaufmann Luca Pitti, der Brunelleschi den Bau 1457 errichten ließ mit der Auflage, er müsse den Medici-Palast übertreffen. Rund 100 Jahre später (1550) wohnten die Medici im Palazzo Pitti. Nach den Großherzögen residierte hier Italiens erster König Viktor Emanuel II. von Piemont. Die Galleria Palatina zeigt Werke von Malern, die in den Uffizien nicht oder kaum vertreten sind. Man sieht hier wohl Bilder von Raffael, Tizian und Rubens, doch vor allem von Florentinern des 16./17. Jh. Bemerkenswert sind insbesondere die in den ›Königlichen Gemächern‹ ausgestellten florentinischen Barockmöbel und französischen Gobelins.

Galleria degli Uffizi (E/F 5)
Loggiato degli Uffizi, 6
Tel. 05 52 38 86 51
Di–Sa 8.15–18.50, So 8.15–22 Uhr, letzter Einlass 45 Min. vor Schließung, Mo geschl.
Bus A
Eintritt 12 000 ltl.
Anmeldung für Gruppen:
Tel. 055 29 48 83

Die Uffizien, gebaut von Georgio Vasari im Auftrag Cosimos I. waren ursprünglich für Ämter bestimmt. Francesco I. begann 1581 mit der Umstrukturierung des Bauwerks zur Galerie. Die Uffizien sind somit eines der ältesten Museen der Welt. Die chronologisch angeordnete Gemäldesammlung mit 1000 Meisterwerken in 45 Räumen umfasst den Zeitraum vom 13.–18. Jh. Schwerpunkte sind die Florentiner Malerei und die Schulen von Siena, Venedig, Mantua und Parma. Von den italienischen Meistern vertreten sind Giotto, Raffael, Uccello, Botticelli, da Vinci, Michelangelo und Tizian. Der Renaissance wird mit einer Vielzahl von Werken gehuldigt, etwa Botticellis ›Frühling‹ *(Primavera*, 1478). Die niederländische Malerei ist u. a. durch Rembrandt vertreten, die spanische repräsentiert Goya, die französische Boucher. Von den deutschen Meistern Altdorfer, Cranach, Dürer, Holbein sind Hauptwerke ausgestellt. Auch die Skulpturen sind beachtenswert, etwa die Mediceische Venus

Sightseeing

in dem *Tribuna* genannten achteckigen Saal.

Vasari-Korridor
Galleria degli Uffizi
Tel. 055 265 43 21
Di–Sa 9.30 Einlass, Mo geschl.
Nur nach Anmeldung
Eintritt: 12 000 ltl.
Bus B

Von Georgio Vasari 1565 für die Medici als ›Geheimgang‹ erbauter Korridor von den Uffizien über den Ponte Vecchio zum Palazzo Pitti, etwa 1000 m lang. Seine Wände schmücken etwa tausend bedeutende Selbstporträts u. a. von Raffael, da Vinci und Tizian.

Museo Marino Marini (E 4)
Piazza S. Pancrazio, 1
Tel. 055 21 94 32
Mo, Mi–Sa 10–17, So 10–13 Uhr,
Juni und Sept. Do 10–23 Uhr,
Di und Aug. geschl.
Eintritt 8000 ltl., in der Gruppe 4000 ltl.
Bus D
(Via Tornabuoni)

Marino Marini (1901–80) ist neben Giacomo Manzù der bedeutendste Bildhauer im Italien des 20. Jh. Er trat besonders mit Reiterplastiken und Porträts hervor. Ausstellungsort ist die einstige Kirche S. Pancrazio (gegründet 9. Jh., Bauwerk 14./15. Jh.).

**Museo Nazionale
Archeologico (G 3)**
Via della Colonna, 36
Tel. 05 52 35 75
Mo–Sa 9–14, So und feiertags 9–13 Uhr, 1., 3., 5. So, 2. und 4. Mo im Monat geschl.
Eintritt: 8000 ltl.
Bus 31, 32

Die Sammlung umfasst großartige Funde der etruskischen Kunst und Zivilisation, die auch Cosimo de' Medici persönlich beeinflusste. Die berühmte ›Chimäre von Arezzo‹ (4. Jh. v. Chr.) befindet sich in Saal I im Erdgeschoss. Sehenswert sind auch die ägyptischen, griechischen und römischen Funde.

**Museo dell' Opera
del Duomo (F 4)**
Piazza Duomo, 9
Tel. 05 52 30 28 85
Mo–Sa 9–18.50 Uhr (im Winter bis 18.20 Uhr), So geschl.
Eintritt: 10 000 ltl.
Busstation Domplatz

Das Museum ging aus der Dombauhütte hervor, seit dem 15. Jh. an diesem Platz. Im Museum befinden sich viele Fassadenskulpturen, die durch die Abgase gefährdet waren. Ein herausragendes Werk ist die von Michelangelo selbst nicht vollendete ›Pietà‹ (1540–53). Im Obergeschoss Sängerkanzeln von Donatello (1433–39) und von Luca della Robbia (1431–38). Eine weitere Attraktion: Ghibertis berühmtes Paradiesportal als restauriertes Original.

Museo di S. Marco (F 3)
Piazza S. Marco, 1
Tel. 05 52 38 86 08
Tgl. 8.30–13.50 Uhr,
2., 4. Mo und 1., 3., 5. So im Monat geschl.
Bus 1, 6, 7, 11, 17
Eintritt: 8000 ltl.

Die ergreifenden Malereien des Fra Angelico (1400–55) bilden den künstlerischen Mittelpunkt des ehemaligen Dominikanerklosters. Hervorzuheben sind das Retabel aus S. Trinita und die Fresken ›Verkündigung‹, ›Dornenkrönung‹, ›Noli me tangere‹, die ›Kreuzigung‹ im Kapitelraum sowie der Altar der Leinweberzunft in der Pilgerherberge. Das Refektorium schmückte Domenico Ghirlandaio mit dem Fresko ›Das letzte Abend-

Sightseeing

mahl‹ (um 1433). Die Zellen 12 bis 14 sind Erinnerungsstätten für Fra Savonarola, der 1498 auf der Piazza Signoria hingerichtet wurde. Michelozzo gestaltete das Kloster 1437–52 im Auftrag Cosimos d. Ä. um. Die Kirchenfassade schuf Giachino Pronti 1780, das Kirchenschiff barockisierte Pier Francesco Silvani 1678.

Museo di Storia della Scienza (F 5)
Piazza Giudici, 1
Tel. 05 52 39 88 76
Mo–Sa 9.30–13, 14–17 Uhr,
So und feiertags geschl.
Eintritt: 12 000 Itl.
Bus 23

Im 16. Jh. feierte die Wissenschaft in Florenz Triumphe. Zu den kostbarsten Exponaten unter den naturwissenschaftlichen Instrumenten zählt die Armillarsphäre des Antonio Santucci. Galileo Galilei (1564–1642), der die von ihm als Hofastronom entdeckten Jupitermonde ›Mediceische Gestirne‹ taufte, ist ein ganzer Saal gewidmet. In Florenz verfasste er seine Abhandlungen, aufgrund derer ihn die Inquisition 1633 verurteilte.

Palazzo Vecchio e Quartieri Monumentali (F 5)
Piazza Signoria
Tel. 05 52 76 84 65
Mo–Mi, Fr, Sa 9–19, So und feiertags 8–13 Uhr, Do 9–14 Uhr
Eintritt 10 000 Itl.
Bus 23

Der burgartige Palast ist ein grandioses Zeugnis der Florentiner Geschichte. Vollendet 1314 durch Arnolfo di Cambio, vereinte er als Rathaus die Regierungsorgane der autonomen Stadt. Cosimo I. wählte ihn 1540 zu seiner Residenz, die er von Vasari ausgestalten ließ. Als Florenz kurz Hauptstadt Italiens war, saßen hier das Parlament und das Außenministerium. Den mittelalterlichen Arkadenhof ziert Verrocchios Puttobrunnen. Sehenswert ist der Ratssaal der Fünfhundert, ›Salone dei Cinquecento‹ (53,5 x 22 m, Höhe 22 m), geschmückt mit den Fresken von Leonardo da Vinci (›Anghiari-Schlacht‹) und Michelangelo (›Kampf bei Cascina‹). Den heroischen Charakter unterstreichen auch dessen ›Genius des Sieges‹ (1534), Vincenzo de Rossis Skulpturen ›Taten des Herkules‹ und Vasaris Deckenmalerei mit der ›Apotheose‹. Im zweiten Stock finden sich neben den herzoglichen Privatgemächern auch Staatsräume wie der ›Saal der Lilien‹ mit Fresken von Domenico Ghirlandaio. Die ›Sala delle Carte‹, der Kartensaal (1563), zeigt mit einer Sammlung von Globen und Landkarten auf Leder, dass geografisches Wissen eine Voraussetzung für territoriale Macht bildete.

Sinagoga e Museo Ebraico (G 4)
Via Farini, 4
Tel. 05 52 34 66 54
Im Winter: So–Do 10–13, 14–16,
Fr nur 10–13 Uhr; im Sommer:
So–Do 10–13, 14–17 Uhr,
Fr nur 10–13 Uhr, Sa geschl.
Eintritt: 6000 Itl.
Bus 6, 23, 31

Die Synagoge mit der hohen Kuppel wurde 1874–82 errichtet. Eine Führung erläutert den reich dekorierten Innenraum. Das Museum, in dem auch kostbares liturgisches Gerät aus dem 17. Jh. zu sehen ist, dokumentiert die Geschichte der jüdischen Gemeinde. Das mittelalterliche Ghetto musste wie der Mercato Vecchio 1890 der neuen Piazza della Repubblica weichen.

Ausflüge

Fiesole

(S. Karte Fiesole) Fiesole wird ›Mutter von Florenz‹ bezeichnet, weil die Etrusker schon ein Handelshaus am Arno besaßen, bevor die Römer den Ponte Vecchio bauten. Die einstige **Höhenfeste der Etrusker und Römer,** nun ein Städtchen von 15 000 Einwohnern, bietet den Besuchern unvergessliche Eindrücke. Vor allem einen grandiosen Blick auf Florenz – und am Abend verwandelt sich die Landschaft in einen Teppich funkelnder Diamanten. Den besten **Aussichtspunkt** findet man beim **Kloster S. Franceso.** Der Spaziergang durch den Ort führt entlang einer zyklopischen Wehrmauer von 4 km Länge, die von den Etruskern aufgewuchtet wurde. Das archäologische Areal mit dem **Amphitheater** errichteten die Römer. Heute ist es der attraktivste **Spielort des Sommerfestivals** (s. S. 62). Der Ostgotenkönig Theoderich ließ den Bacchustempel in die Märtyrerkirche **S. Alessandro** verwandeln, die antiken Säulen blieben erhalten. Noch heute zählt der **Dom** (11. Jh.) mit dem zinnenbewehrten Campanile zu den imposantesten Bauwerken des Ortes. Er birgt das Grabmal des Bischofs Leonardo Salutati und das wundervolle Tafelbild ›Madonna mit Kind und Heiligen‹ von Biccio di Lorenzo (1450). Den nach Mino da Fiesole benannten Domplatz schmücken repräsentive Bauten wie der Bischofspalast und der Palazzo Pretorio (14. Jh.) mit schöner Loggia. Das **Museo Bandini** zeigt u. a. Altartafeln von Bernardo Daddi und Lorenzo Monaco sowie eine Madonnenskulptur aus dem Umkreis von Nicola Pisano.

Zona Archeologica, Museo Archeologico, Museo Bandini: im Sommer 9–19, im Winter 9–17 Uhr
1. Di im Monat geschl.
Einzeltickets 10 000, Familienticket 20 000 ltl.
Entfernung: ca. 8 km
Auto: Ausfahrt über die Porta S. Gallo, dann ausgeschildert
Bus: 7 (Stazione S. Maria Novella), 1500 ltl.

Medici-Villen

(s. Umgebungskarte)
Trendsetter war Giovanni Boccaccio: In der Rahmenhandlung des ›Decamerone‹ (1353) schilderte er, wie heiter das Leben in einem Landhaus sein kann. Er befand sich in angenehmster Gesellschaft wohl in der Villa Palmieri am Hang von Fiesole, während im engen Florenz die Pest wütete. In der Renaissance säumten dann Hunderte von Villen den Stadtrand. Die Fürsten besaßen die stattlichsten Landhäuser.

La Petraia ist wohl der Inbegriff einer Medici-Villa mit kunstvoll angelegten Gärten. Ferdinando de' Medici ließ sich die Schlossanlage von Bernardo Buontalenti 1575

Ausflüge

Immer wieder ein Erlebnis: der Blick von Fiesole auf Florenz

gestalten. Die Loggien des Innenhofs freskierte Volterrano (1636–48). Wer höfische Gärten liebt, wandelt gewiss gern durch das grüne Werk des Niccolò Tribolo, das fantasievolle Skulpturen, Brunnen und eine Grotte mit Tiersymbolen beleben. Tribolo und Buontalenti waren es auch, die den Garten der unweit liegenden Villa Medicea **di Castello** gestalteten, in der Cosimo I. Jugend und Lebensabend verbrachte. Fontänen und Wasserspiele, Grotten und Labyrinthe, Marmor- und Bronzestatuen fügen sich zu einem wunderbaren Ensemble zusammen.

Die Villa Medicea **di Poggio a Caiano,** einst befestigter Sitz der Strozzi, wurde 1480–85 von Giuliano da Sangallo für Lorenzo il Magnifico zur prächtigen Landhausresidenz umgestaltet, die eine noble Gartenanlage umgibt. Die Eingangsloggia mit klassischem Giebel, die wie ein Tempel aussieht, ließ Papst Leo X., Lorenzos Sohn, vorbauen. Die Fresken im Großen Saal (1521/79) schufen u. a. Andrea del Sarto und Pontormo. Sie thematisieren die Großtaten der Medici und sind allein schon einen Besuch wert.

 Villa Medicea La Petraia
Via della Petraia, 40 (Castello)
Park: 9–19.30, im Winter 9–16.30 Uhr, die Villa schließt jeweils 60 Min. früher
1. und 3. Mo im Monat geschl.
Eintritt 4000 Itl. mit Villa Medicea di Castello
Entfernung: ca. 6 km
Auto: Richtung Sesto Fiorentino
Bus: 28 (Stazione S. Maria Novella, Haltestelle Castello), 1500 Itl.

Villa Medicea di Castello
Via di Castello, 47 (Castello)
Park: 9–19.30, im Winter 9–16.30 Uhr, 1., 3. Mo im Monat geschl.
Entfernung: ca. 7 km
Auto: Richtung Sesto Fiorentino
Bus: 28 (Stazione S. Maria Novella, Haltestelle Castello), 1500 Itl.

Villa Medicea di Poggio a Caiano
Piazza dei Medici, 12
Poggio a Caiano (Prato)
Villa: 9–13.30, So 9–12.30 Uhr; Garten: 9–18.30, im Winter 9–16.30 Uhr, So 9–12.30 Uhr
Entfernung: ca. 17 km
Auto: SS 66 Richtung Pistoia
Bus: COPIT (Stazione S. M. Novella), 4000 Itl. Nur m. Führung.

Extra-

Fünf Begegnungen mit Florenz

1. Die schönsten und belebtesten Plätze
2. Auf den Spuren der Medici

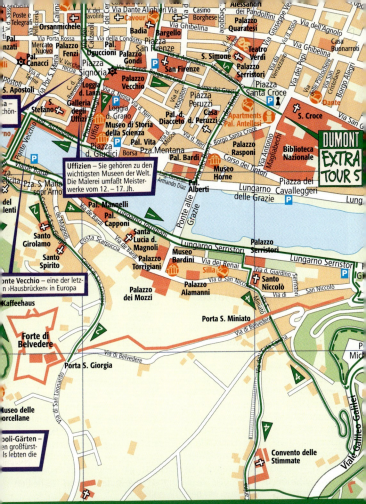

Touren

3. Einkaufen – Märkte, Mode, Antiquitäten und *dolci*

4. Florenz in Grün

5. Fresken-Tour

Die schönsten und lebendigsten Plätze

Klassische Harmonie – auf der **Piazza SS. Annunziata** (F 3, s. S. 69) beginnt sie zu klingen, denn gleich auf dem ersten Beispiel der Tour bietet sich dem Betrachter ein Muster des ästhetischen Renaissance-Platzes. Baumeister Filippo Brunelleschi soll seinerzeit (1419) schon eine Piazza geplant haben, aber ihre Entwicklung nahm doch rund zwei Jahrhunderte in Anspruch. Schlüsselwerk ist zweifelsohne der Ospedale degli Innocenti, das Findelhaus, ein perfektes Beispiel für die geometrische Raumkonstruktion der Frührenaissance. Als Vis-à-vis entstand – wenn auch erst 1525 – die Loggia des Servitenordens (da Sangallo/d' Agnolo), dann 1579–61 vollendete man das Gesamtbild mit dem Bau des Portikus für SS. Annunziata. Auf der Südseite runden vornehme Florentiner Familienplätze das Bild ab. Zum festlichen Charakter trägt das Reiterstandbild Großherzogs Ferdinand I. (Giambologna/Tacca 1608) bei, flankiert von Pietro Taccas Bronzebrunnen (1643). Vom Verkehr nahezu befreit, ist die Piazza ein Ruhepunkt im geschäftigen Treiben der Stadt.

Wohin man schaut, Reisende aus aller Welt: Das kann nur der **Domplatz** (E/F 4, s. S. 71) sein! Vom städtischen Leben umbraust, bilden Baptisterium, Dom und Campanile dennoch seit jeher das ehrwürdigste Zentrum der Stadt. Stets verharren Bewunderer vor Ghibertis ›Paradiespforte‹ am Baptisterium. Am Ostersonntag keineswegs verpassen: den *scoppio del carro,* die ›Explosion des Karrens‹, ein historisches Feuerwerk, das ein gutes Omen verheißen soll.

Wer den Pferdedroschken folgt, gerät in die autofreie Einkaufsstraße de' Calzaiuoli und nach dem zweiten Block rechts zur **Piazza della Repubblica** (E 4/5, s. S. 69): Es öffnet sich eine weiträumige Platzanlage, gesäumt von imposanten Fassaden einiger Großbanken und Grandhotels sowie von Kolonnaden und Triumphbogen. Ob Geschäftsverhandlungen, Diskussionen über die Tagespolitik oder der Schwatz über Alltägliches – immer sieht man Menschen im Gespräch vertieft. So gewinnt der Betrachter tatsächlich

Extra-Tour 1

Die Wahrzeichen von Florenz – Dom, Baptisterium, Campanile

den Eindruck, als sei die Uridee der Republik hier wieder zu neuem Leben erweckt worden. Am Abend löst Musik die Diskussionen ab: Schnell sind die Sänger von Menschentrauben umringt.

Wo die Via de' Calzaiuoli in die **Piazza della Signoria** (F 5, s. S. 69) mündet, ergibt sich ein unvergleichlicher Blick auf die Loggia dei Lanzi mit ihren grandiosen Skulpturen. Am Abend ist sie illuminiert und gleicht einer dramatisch in Szene gesetzten Bühne. Doch der Schönheitspreis gebührt dem Palazzo Vecchio, der alten Herrschaftsburg der Bürgerrepublik: Ziert sie doch der berühmteste Männerakt der Welt – Michelangelos ›David‹ (wenn auch nur noch in Kopie), der den Siegeswillen der Stadt symbolisiert. Die Szenen auf dem Platz wechseln mit jeder Stunde, wie schon im 19. Jh. prominente Beobachter – z. B. Stendhal – von den Caféterrassen berichten konnten.

Eine nicht weniger stimmungsvolle Kulisse bietet die **Piazza di S. Croce** (F/G 5, s. S. 73): Als Requisiten fungieren die marmorgeschmückte Kirche und das Denkmal des Nationaldichters Dante. Von früh bis spät – mit Ausnahme der heißesten Tagesstunden – strömen Touristen über die Piazza. Mit der Abendkühle scheint sich hier die halbe Einwohnerschaft des Stadtviertels Santa Croce einzufinden, dann wird es heiter. Das bunteste Schauspiel bietet der Platz allerdings, wenn er zur Arena für das mittelalterliche Fußballspiel, den *calcio storico* im Juni/Juli, wird.

Auf der Uferstraße den Fluss hinunter über den Ponte Vecchio ins Herz des Oltarno: Die **Piazza S. Spirito** (D 6, s. S. 74) ist Zentrum des In- und Kreativviertels und nicht zuletzt des geselligen Lebens. Morgens trägt der Markt den Duft der Toscana herein, abends füllen sich die Terrassenlokale, es ertönt Livemusik, und im Sommer wird sogar getanzt.

Weiter lässt man sich durch die Gassen des Oltarno zur **Piazzale Michelangelo** (G 6/7) treiben. Es gibt kein besseres Finale, denn die Aussicht auf die Stadt ist einmalig. Maler malen Stadtansichten. Händler verkaufen Getränke und Souvenirs. Busse parken, die Passagiere stürzen zur Balustrade und rufen: »Wie herrlich!«

Auf den Spuren der Medici

Der erste Palazzo der Medici, von dem aus der Bankier und Geschäftsmann Cosimo d. Ä. (1389–1464) die Stadtpolitik beieinflusste, wurde 1890 für den Bau der Piazza della Repubblica abgerissen. Doch Cosimo hatte sich schon 1444 den neuen **Medici-Palast** (F 4, S. 68) errichten lassen. Die herbe Schlossburg mit dem anmutigen Arkadenhof bewohnte der Klan ein Jahrhundert lang zusammen mit der städtischen Kommune, die im Repräsentationsflügel des Obergeschosses zur Via Cavour logierte; Cosimo und seine Söhne residierten in den drei übrigen Trakten. Einen authentischen Eindruck von der Privatsphäre vermittelt die Palastkapelle. Im Freskenzyklus ›Der Zug der hl. Drei Könige‹ porträtierte Benozzo Gozzoli einige Familienmitglieder. Der Reiter mit blonden Locken, die prachtvollste Erscheinung an der rechten Wand, soll den jugendlichen Lorenzo il Magnifico (1449–92) darstellen. Mit Lorenzo – hier der jüngste der hl. Drei Könige – stieg die Familie zur Fürstendynastie auf. Die beiden anderen Könige auf dem Fresko sind Johannes Paläologos, Kaiser von Byzanz, und der Patriarch Josephus von Konstantinopel – ein deutlicher Wink auf die Herrscherrolle, die dem ›Prinzen‹ früh zugedacht wurde. Ebenfalls an der rechten Wand reitet Piero de' Medici (1416–69), Lorenzos Vater. Links neben ihm soll Cosimo d. Ä., der Großvater, porträtiert worden sein, was nicht gesichert ist. Der Maler durfte sich mit einem Selbstbildnis verewigen – wobei er seinen Hut signierte.

Bis zur Hauskirche der Medici, **S. Lorenzo** (E 4, S. 73), sind es wenige Schritte: Die Kapellen mit der Grablege der Dynastie spiegeln das stolze Selbstverständnis der Medici wider. Die 1605 begonnene Fürstenkapelle gilt als kostspieligster Raum von Florenz. Hier ruhen sechs Medici-Herzöge. Die Neue Sakristei ist durch die einmalige Formensprache der Architektur ein Werk der Weltkunst: Der Künstler ist Michelangelo.

Im **Dom** (F 4, S. 71) ereignete sich 1478 vor dem Altar ein besonders heimtückisches Attentat: Zwei falsche Priester fielen mit Dolchen über zwei Medici-Brüder her. Giuliano starb vor den Chor-

Extra-Tour 2

Benozzo Gozzoli verewigte ihn auf einem Fresko im Palazzo Medici-Riccardi: Lorenzo il Magnifico

schranken, Lorenzo il Magnifico konnte in die Sakristei flüchten. Die Mörder entstammten der zweitmächtigsten Familie der Stadt, dem Geschlecht der Pazzi. Die wiederum handelte im Auftrag des Papstes, der Florenz dem Kirchenstaat einverleiben wollte. Doch das misslungene Attentat stärkte die Macht der Medici in Florenz nur weiter.

Der als Stadtburg der Republik erbaute so genannte **Palazzo della Signoria** (F 5, S. 79) wurde 1540 von Cosimo I. als Herrschaftssitz und Familienresidenz bezogen. Die neuen Dekorationen dienten der Verherrlichung der Emporkömmlinge, bis hin zur ›Apotheose‹ im Saal der Fünfhundert. Spuren privater Atmosphäre meint man noch in den oberen Gemächern zu verspüren. Etwa im *studiolo*, einer kleinen manieristisch ausgestatteten Büro-Galerie des Großherzogs Francesco I. (1451–87), und in den Appartements der Eleonora di Toledo, Gemahlin Cosimos I. Dass die Medici die Kunst liebten, aber auch als Mittel einzusetzen wussten, bezeugt ihr Bürotrakt, die Uffizien.

Ein prominentes Beispiel der Medici-Selbsthuldigung ist Botticellis Tafelbild ›Anbetung der Könige‹, auf dem Cosimo d. Ä. ›hautnah‹ vor dem Jesuskind kniet.

Erst als die Medici den Palazzo Pitti erwarben, wurde der Stadtpalast wirklich zum ›Palazzo Vecchio‹. Cosimo I. ließ 1565 von Vasari einen Korridor zwischen den beiden Palästen über den Ponte Vecchio errichten, damit die Herrscher von der Öffentlichkeit unbemerkt ihre Wege zurücklegen konnten. Francesco I. (1541–87) bezog 1570 den weitläufigen **Palazzo Pitti** (D/E 6, S. 76). Auch hier feierten die Medici sich selbst: Im Deckengemälde des einstigen Thronsaals empfängt Jupiter den ›göttlichen‹ Cosimo I. Die Wandfresken im heutigen Museo degli Argenti feiern den Mäzen Lorenzo den Prächtigen. Die späteren *Appartamenti Reali* bewohnten die Großherzöge bis 1737, als Gian Gastone ohne Nachkommen verstarb.

Vom **Forte di Belvedere** (E 6/7) genießt man einen fantastischen Blick über Florenz, das die Medici für 300 Jahre beherrschten.

Extra Tour 3

Einkaufen – Märkte, Mode, Antiquitäten, Schmuck und *dolci*

Der ›Bauch von Florenz‹, das ist der **Mercato Centrale** (E 3, S. 48) mit einem opulenten Angebot an Frischprodukten für Küche und Keller, zudem Delikatessen und Genussmitteln – die obere Etage mit Früchten und Gemüsen ist eine Augenweide. Unweit wird diese Üppigkeit in dem pittoresken Basar bei S. Lorenzo fortgeführt, der Lederwaren, Textilien und Souvenirs aller Art bietet.

Im krassen Gegensatz dazu steht die Eleganz der Geschäfte auf der **Via Tornabuoni** (E 4/5). Feinste Geschäfte mit internationaler, vornehmlich italienischer Designermode, zudem Schmuck von Bulgari (61/63r), Buccellati (71r) und Cartier (40r). Unser Bummel durch diese von Palästen gesäumte Straße beginnt an der Piazza Antinori. Wir stoppen bei der so ›keusch‹ wirkenden Boutique Loretta Caponi (Piazza Antinori, 4r) mit Dessous und Négligés für Damen sowie Stapeln handgemachter Aussteuer. Wer sich noch rasch mit Florenz-Literatur eindecken möchte, wird in der internationalen Buchhandlung Seeber (70r) gut beraten, auch was die Künste anbetrifft. Bemerkenswert ist auch das Geschäft von Pineider (76r), eine 1774 gegründete Florentiner Firma für Aktentaschen und erlesene Schreibutensilien. Neben der Parfümerie Antica Farmacia Inglese mit Duftnoten der Weltmarken offeriert Max Mara (89r) Outfits im New Yorker Stil. In den In-Treffs Procacci (64r) und Giacosa (83r) stärkt man sich für den weiteren Weg mit delikaten Kuchen und Süßigkeiten.

Doch auch in den Nebenstraßen der Tornabuoni kann man den Kaufrausch weiter ausleben: in der Via della Vigna Nuova (D/E 4/5) u. a. bei Enrico Coveri (25r), Mila Schön, Valentino (47r), Armani (51r), Emilio Pucci (97r). In der Via Strozzi (E 4) finden wir Emporio Armani (16r) und Escada (30/31r). Übrigens: Hochburg der Florence Fashion Biennale (Mitte Sept.–Mitte Dez. 2002, 2004, etc.), ist der **Palazzo Strozzi** (E 4/5, S. 68).

Der Gang durch die Tornabuoni wird mit Gucci (73r) fortgesetzt. Nachbar ist Prada mit Schuhen und Mode für die ›unkonventio-

Extra-Tour 3

Hier kann man in Süßem schwelgen: Dolci & Dolcezze

nelle‹ Frau. Durch hochelegante Schuhe für Damen und Herren aber auch durch Taschen und Lederbekleidung empfiehlt sich Beltrami (48r). Daneben die Eleganz für Herren bei Trussardi (36r). Mit Louis Vuitton (26r), mondäne Koffer und Taschen, und der Boutique Gianni Versace (13/15r) nähern wir uns dem Ende der Promenade. Ein Höhepunkt: Der Schuhschöpfer Salvatore Ferragamo hat sich im Palazzo Spini-Ferroni (16r) eingerichtet. Im zweiten Stockwerk belegt das Museum mit 10 000 Schuhen und Fotodokumenten, dass die Schönen und Reichen – von Greta Garbo bis Sophia Loren – für die Kreationen des ›Zauberers‹ schwärmten. Doch längst entwirft das Atelier Ferragamo auch Accessoires und Mode aus Leder.

Kunst am **Lungarno degli Acciaiouli** (E 5): Romanelli frappiert mit seinem Arsenal an Davids, Liebesgöttinnen und Brunnenputten. Die ›Designer‹ tragen viel versprechende Namen, von Michelangelo bis Verrocchio. Man kann die Figuren maßgerecht bestellen.

Der **Ponte Vecchio** (E 5, S. 70) ist die originellste Schmuckgalerie der Welt. Von den 36 Juwelieren sind Carlo Piccini (31r) mit Mailänder Designerschmuck, Burchi (54r) mit Garnituren im traditionellen Stil und Gherardi (5-9r), der in Perlen- und Korallenketten brilliert, besonders hervorzuheben. Neben schier unbezahlbaren Kostbarkeiten werden auch kleine, witzige Preziosen offeriert.

Wer jenseits des Arno auf Schatzsuche geht, hat Antiquitäten im Sinn: Das **Viertel Santo Spirito** ist seit jeher Revier der Kunsthändler, -handwerker und Restaurateure. Unter den Antiquitätenhändlern ist Guido Bartolozzi (Via Maggio, 18r, D/E 5/6) hochrenommiert. Seine Kunstwerke, Möbel und Ausstattungsstücke stammen zum Teil aus der Renaissance. Wer sich Jüngeres wünscht, wird Traslucido, den Spezialisten für Art nouveau und Art deco, aufsuchen (Via Maggio, 9r). Alte Stiche, auch Bronzen, besichtigt man in der Bottega Stampe e Bronzi (Borgo S. Jacapo, 80r, E 5). Den Streifzug lässt man unter schattigen Bäumen auf der Piazza S. Spirito (D 6) ausklingen.

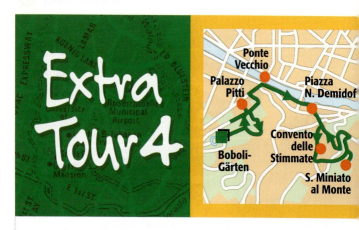

Florenz in Grün

Der grüne, also ›alternative‹ Stadtgang beginnt mit einem Besuch der **Boboli-Gärten** (D/E 6/7). Sie sind Meisterwerk vieler Gartenkünstler, die, angefangen 1549 mit Tribolo, über Generationen an ihrer Vollendung wirkten. Die Vielzahl an kleinen Gärtchen und Bosketten, die Zypressenallee, das Amphitheater, die Grotte, die Spiegelteiche sowie Hunderte von Plastiken bieten sowohl Erholung von der ›steinernen‹ Innenstadt als auch neue Sehreize. Hermann Hesse bekannte: »...ich schäme mich nicht, mich einem leicht zu verspottenden, dennoch eigenartig beglückenden Rausch von Schönheit und Vergangenheit hinzugeben.« Das rundum grüne Amphitheater (1618) war Schau- und Spielplatz von fürstlich üppigen Festen, aber auch von Opernaufführungen. Bei Kindern besonders beliebt ist der Neptunbrunnen (Bronze von Stoldi Lorenzi, 1565–68), in dem sie Modellschiffchen fahren lassen können. Wer einer Rast bedarf, findet seinen Ruheplatz unter Platanen. Zudem lädt das wienerische ›Kaffeehaus‹ im Rokoko zur Einkehr ein; man legte es für den habsburgisch-lothringischen Großherzog Peter Leopold an. Auf dem höchsten Punkt des Gartens, der schönen Rosenterrasse des Casino Segreto und heutigen Porzellanmuseums, genießt man über die Stadtmauer hinweg den Ausblick über Nutzgärten und Villen auf die *colli di Firenze*. Diese freie und wie zufällig herrlich gestaltete Landschaft ist so dicht bei der Stadt eine ›stille‹ Sensation. Den Ausblick dominiert S. Miniato al Monte. Dort liegt unser Ziel.

Am Ausgang des Giardino di Boboli stoßen wir auf den so genannten Bacchusbrunnen (1560, Valerio Cioli). Auf der Schildkröte reitet indes nicht der Weingott, sondern der feiste Lieblingszwerg von Cosimo I., benannt nach dem Riesen ›Morgante‹.

Die Palaststraße Via Giucciardini hinunter und rechts in die Uferstraße: Vom Lungarno Serristori steigen wir gleich nach der **Piazza Demidoff** (F 6), die ein Palmengarten mit dem Denkmal des Philantropen Prinz Nicolas Demidoff ziert, zur Via di S. Niccolò hinauf. Sie führt uns zum **Stadttor** S. Miniato (F/G 6), das Durchgang durch ein grandioses Segment der

Extra-Tour 4

Nicht von ungefähr so romantisch: Arbeiter in den Boboli-Gärten

Stadtmauer von 1258 gewährt. Von hier führt der Weg durch Gärten, Wiesen und Olivenhaine zum **Convento delle Stimmante** (G 7) hinauf. Die Straße begleitet ein langer Treppenlauf. Man gelangt in einem weiten Bogen über die Viale Galileo Galilei hinweg zu den parkartigen Grünflächen an der Flanke zwischen der **S. Salvatore** (G 7, Michelangelo nannte sie die ›kleine Landschöne‹) und **S. Miniato al Monte** (G 7, S. 74). Hier malte William Turner um 1828 ›Sicht auf Florenz von S. Miniato‹: eine *veduta* in subtilen Lichttönen – über freundlich gestimmte Picknicker und brüchige Mauern hinweg. S. Miniato al Monte war einst eine kleine Bergfeste, an der auch Michelangelo mitgewirkt hat. Rastende trifft man auch heute hier an, Stadtwanderer zumeist, die im Schatten der Bäume vielleicht wie Hermann Hesse über das Gesehene nachsinnen. Letztlich steigt man hinauf zum Kirchplatz, genießt von der Terrasse vor der herrlichen Marmorfassade den Panoramablick auf Florenz und das Tal.

Man rundet den Bergaufenthalt mit einem Besuch der Märtyrerkirche und einem Gang über den sehenswerten Friedhof ab, der manch anrührendes Grabmal aufweist. Etwa das junge Paar im weißen Marmor, er in der Fliegeruniform des Zweiten Weltkriegs, sie im langen Kleid – und sie schweben aufeinander zu.

Für den Rückweg bieten sich zwei Wege an: 1. Man steigt den Weg zur **Piazzale Michelangelo** (G 6/7) hinunter, um dort an der Balustrade nochmals den klassischen Florenzblick zu goutieren; dann weiter durchs Grün zur **Piazza Giuseppe Poggi** (G 6) am Stadttor S. Niccolò und entlang der Uferstraße zurück in die Stadt. Immer wieder schaut man über den Arno auf die Gebäudeformationen, das von Grün umfasste Tal hinauf und hinunter. Oder man nimmt von der Piazza G. Poggi einen Bus (Bus 12, 13, 31, 32, C) ins Zentrum.

2. Am Westrand der Piazzale Michelangelo mündet bei den Imbiss-Ständen ein von Zypressen gesäumter Kreuzweg, über dessen Stufen man auf der kleinen Straße Via S. Salvatore al Monte zur Porta S. Miniato zurückgelangt.

Fresken-Tour

Auf einem Spaziergang berühmten Fresken von der Gotik bis zur Hochrenaissance einen Besuch abstatten zu können – diesen Vorzug bietet Florenz wie keine zweite Stadt. Die Fülle erfordert allerdings eine straffe Beschränkung.

Unter den Fresken von **S. Croce** (G 5, S. 73) sind in der Bardi-Kapelle Giottos Szenen aus dem Leben des hl. Franz (1316–20?) hervorzuheben und in der Peruzzi-Kapelle die Episoden aus dem Leben Johannes d. Täufers und d. Evangelisten (um 1326–30).

Die **Badia Fiorentina** (F 5, S. 70) wurde schon 978 gestiftet. Vom Neubau (1285) blieb wenig erhalten. Sehenswert sind die Fresken der Frührenaissance im *Chiostro degli Aranci* zum Leben des hl. Benedikt (um 1436–39). Er wird dem Portugiesen Giovanni da Consalvo zugeschrieben, der indes Einflüsse u. a. von Fra Angelico und Ucello aufnahm. Von Bronzino stammt die Szene der Kasteiung im Dornbusch.

SS. Annunziata (F/G 3, S. 69) erhebt sich am gleichnamigen Platz. Im Vorhof schildert Andrea del Sarto die ›Geburt Mariä‹ (1515). Dieses Meisterwerk der Hochrenaissance ist ein Inbegriff der Harmonie. Im rechten Seitenschiff sieht man Pontormos ›Heimsuchung Mariä‹ (1516) im Stil von del Sarto und Raffael.

Im Kloster **S. Marco** (F 3, S. 78) faszinieren die Fresken des Fra Angelico durch ihren Purismus, der so konträr zur künstlerischen Raffinesse erscheint. Hauptwerke sind die ›Verkündigung‹ (1450) im Dormitorium, die ›Krönung Mariens‹ (Zelle 9), die lichte ›Transfiguration‹ (Zelle 6) und die ›Darbringung im Tempel‹ (Zelle 10).

In **S. Maria Novella** (D 4, S. 73) verdient Masaccios ›Trinität‹ (um 1427) Aufmerksamkeit: Die Geborgenheit und die innige Verbindung zwischen dem gekreuzigten Sohn und Gottvater ist eine einmalige Darstellung. Die Hauptchorkapelle schmückte Domenico Ghirlandaio 1486–90 im Auftrag der Tornabuoni mit Szenen aus dem Leben der Maria und des Johannes d. T. Die Frauen in zeitgenössischen Gewändern sind von ergreifender Anmut. Als ›Bühnenbilder‹ entsprechen sie dem Ideal der Renaissance. Im *Chiostro Verde* sehen wir Paolo Ucellos ›Erschaffung von Adam und Eva‹

Extra-Tour

San Marco: Besonders die Details vieler Fresken beeindrucken

sowie den ›Sündenfall‹ (um 1425), eindringlich, aber doch konventionell geschildert. Ein dramatischer Realismus und die Suche nach neuzeitlicher Raumgewinnung durch die Perspektive kennzeichnen die beiden Szenen der ›Sintflut‹ (1447–50), die über 20 Jahre später entstanden sind. In der Spanischen Kapelle schuf Andrea di Buonaiuti 1365–67 die figurenreiche ›Allegorie der Kirche‹.

In **S. Trinita** (E 5, S. 74) fesseln Ghirlandaios Fresken in der Sassetti-Kapelle. Ein Hauptwerk ist hier die perspektivisch aufgebaute Szene ›Wunder der Auferweckung des Knaben‹ (1483).

Das Refektorium von **Ognissanti** (D 4, S. 72) verdient wegen Ghirlandaios ›Abendmahl‹ (1480) einen Besuch. Der Maler hat die letzte Zusammenkunft in einer Florentiner Loggia erzählerisch in Szene gesetzt. In der Kirche interessiert auch seine frühe ›Schutzmantelmadonna‹ (zweiter Altar rechts), eine Stiftung der Familie Vespucci: Der junge Mann unter dem rechten Arm der Madonna könnte der spätere Seefahrer Amerigo Vespucci sein, nach dem Amerika benannt wurde.

Jenseits des Arno birgt **S. Maria del Carmine** (D 5, S. 73) in der Brancacci-Kapelle die Menschenbilder des Masaccio. Der ›Sündenfall‹ und die ›Vertreibung aus dem Paradies‹ drücken in vehementem Realismus das schwere Los des Menschen im Jenseits von Eden aus. Beim ›Zinsgroschen‹ (1424/28) an der linken Wand besticht die Gruppe um Christus durch ihre körperhafte Präsenz. Der Brancacci-Zyklus wurde von Masolino um 1424 begonnen (man weiß nicht, wann er den um 18 Jahre jüngeren Masaccio hinzunahm) und erst 1481/82 von Filippino Lippi beendet. Der Ruhm aber gebührt Masaccio (geboren 1401 in Valdarno, gestorben rätselhafterweise schon 1428 in Rom), der so ›modern‹ empfand und gestaltete. Vasari berichtet uns, dass sich viele berühmte Bildhauer und Maler in jener Kapelle übten und ihre Studien machten. Und er nennt in einer langen Reihe sogar den *divino*. Der Zyklus erhielt durch die Restaurierung 1983–90 die Leuchtkraft seiner Farben zurück. Selbst im an Kunstschätzen so reichen Florenz ist die Brancacci-Kapelle als ein Schatzkästlein anzusehen.

Impressum/Fotonachweis

Fotonachweis

Titel: Auf der Piazza S. Croce
Vignette: Im Café auf der Piazza Signoria
S. 2/3: Im Palazzo Malenchini
S 4/5: Restaurant auf der Piazza S. Spirito
S. 20/21: Salumneria auf dem Mercato S. Lorenzo

Caputo, Luigi (laif, Köln) S. 49
Eid, Hedda (laif, Köln) S. 1
Thomas, Martin (Aachen) Titelbild, S. 4/5, 9, 10, 12, 20, 25, 29, 40/41, 42, 43, 45, 52, 53, 55, 57, 63, 64, 67, 70, 72, 81, 87, 89, 93
Zanettini, Fulvio (laif, Köln) S. 2/3, 6/7, 8, 33, 36, 46/47, 58, 71, 76/77, 85, 91

Kartografie:
Berndtson & Berndtson Productions GmbH, Fürstenfeldbruck
© DuMont Buchverlag

Alle in diesem Buch enthaltenen Angaben wurden von den Autoren nach bestem Wissen erstellt und von ihnen und dem Verlag mit größtmöglicher Sorgfalt überprüft. Gleichwohl sind inhaltliche Fehler nicht vollständig auszuschließen. Ihre Korrekturhinweise und Anregungen greifen wir gern auf. Unsere Adresse: DuMont Buchverlag, Postfach 10 10 45, 50450 Köln; E-Mail: reise@dumontverlag.de

Die Deutsche Bibliothek – CIP-Einheitsaufnahme

Schulz, Paul Otto
Florenz / Paul Otto Schulz ; Margret Schulz-Wenzel. - Ausgabe 2001
-Köln : DuMont 2001
 (DuMont Extra)
 ISBN 3-7701-5454-1

Grafisches Konzept: Groschwitz, Hamburg
© 2001 DuMont Buchverlag, Köln
Alle Rechte vorbehalten
Druck: Rasch, Bramsche
Buchbinderische Verarbeitung: Bramscher Buchbinder Betriebe

ISBN 3-7701-5454-1

Register

Accessoires 50
Aldini (Hotel, E 4) 24
Alle Murate 38
Amphitheater (Fiesole) 80
Annalena (Hotel, C/D 6) 25
Anreise 17
Antiquitäten 44, 88
Apartments 28
Aprile (Hotel, D 4) 25
Ausflüge 80
Auskunft 16
Badia Fiorentina (F 5) 70, 92
Bahnhof 17
Ballett 60
Bargello (F 5) 75
Bars 41
Battistero (E 4) 71
Beacci Tornabuoni (Hotel, E 5) 25
Behinderte 19
Belletini (Hotel, E 4) 22
Berchielli (Hotel, E 5) 26
Brunelleschi (F 4) 27
Buca Lapi (E 4) 35
Buchhandlungen 44
Bus 18
Cafés 41
Calzaiuoli (Hotel, E 5) 25
Campingplatz 29
Cantinetta Antinori (E 4) 37
Cappella dei Magi (F 4) 68
Cappelle Medicee 73
Casa Buonarroti (G 5) 75
Casa di Dante (F 5) 75
Casci (Hotel, F 3) 22
Cascine (A/B 2/3) 65
Cave di Maiano, Le (außerhalb) 38
Cavour (Hotel, F 5) 25
CDs/Schallplatten 45
Chiostri di S. Maria Novella (D/E 4) 74
Cibreo, Il (G 5) 37
Classic (Hotel, E 8) 25
Coco Lezzone (E 5) 36
Crocini (Hotel, C 4) 23
Dalí-Museo 12
Dante (Hotel, G 5) 23
Da Omero (außerh.) 39
Delikatessen 53
Design 49
Diebstahl 12
Discos 57
Due G, I (E 3) 36
Duomo (Fiesole) 80
Duomo S. Maria del Fiore (F 4) 7, 71, 87
Einreise 17

Eisdielen 41
Enoteca Pinchiorri (G 5) 38
Feste & Festivals 60
Fiesole 80
Firenze (Hotel, F 4/5) 23
Firenze and abroad (Apartment, F 3) 29
Firenze com'era e Giardino delle Oblate (F 4) 75
Flughäfen 17
Forte di Belvedere (E 6/7) 9, 12, 66, 87
Fresken 92
Galleria d' Arte Moderna (D/E 6) 76
Galleria degli Uffizi (E/F 5) 6, 7, 77, 87
Galleria dell' Accademia (F 3) 76
Galleria Palatina Appartamenti Reali (D/E 6) 77
Gays 59
Giardino di Boboli (E 6) 7, 65, 91
Golf 64
Grand Hotel (D 4) 28
Il Guelfo Bianco (Hotel, F 3) 25
Haushaltswaren 45
Hausnummern 12
Helvetia & Bristol (E 4) 28
Hotels 22
    Günstig 22
    Moderat 24
    Teuer 26
    Luxus 28
J and J (Hotel, G 4) 27
Joggen 64
Jugendherbergen 29
Kinder 65
Kino 61
Kirchen 70
Kleidung 12
Konzerte/Musiktheater 62
Kosmetik & Parfums 46
Latini, Il (D/E 4/5) 36
Lederwaren 47
Leihwagen 19
Lesbians 59
Liana (Hotel, H 3) 23
Livemusik 59
Locanda Orchidea (Hotel, F 4) 24
La Loggia (G 7) 39
Loggia dei Lanzi (F 5) 7, 66
Loggia del Mercato Nuovo (E 5) 67
Loggiato dei Serviti (Hotel, F 3) 26
Lokale 54
Lungarno (Hotel, E 5) 27
Malutensilien 48
Märkte 48, 88

95

Register

Medici-Villen 80
Möbel 49
Mode 50, 88
Monna Lisa (Hotel, G 4) 27
Museen/Galerien 12, 13, 75
Museo Bandini (Fiesole) 80
Museo Archeologico (Fiesole) 80
Museo dell'Opera del Duomo (F 4) 78
Museo della Casa Fiorentina Antica (E 5) 68
Museo di S. Marco (F 3) 78
Museo di Storia della Scienza (F 5) 79
Museo Marino Marini (E 4) 78
Museo Nazionale Archeologico (G 3) 78
Museo Stibbert (außerh.) 65
Öffentliche Toiletten 13
Öffnungszeiten 13
Ognissanti (D 4) 72, 93
Oliviero (E 5) 38
Orsanmichele (E 5) 72
Ospedale degli Innocenti (F/G 3) 67
Ostello Archi Rossi (Jugendherberge, E 3) 29
Ostello S. Monaca (Jugendherberge, D 5) 29
Palazzo Antellesi (Apartments, F 5) 28
Palazzo Davanzati (E 5) 68
Palazzo della Signoria 87
Palazzo dell'Arte della Lana (E 5) 68
Palazzo Medici Riccardi (F 4) 68, 86
Palazzo Pitti (D/E 6) 76, 87
Palazzo Strozzi (E 4/5) 8, 68, 88
Palazzo Vecchio e Quartieri Monumentali (F 5) 7, 79
Pane e Vino (F/G 6) 37
Papeterien 50
Parken 13, 18
Pensionate Pio X (Jugendherberge, D 5) 29
Piazza della Repubblica (E 4) 9, 69, 84, 86
Piazza della Signoria (F 5) 7, 69, 85
Piazza di S. Croce (G 5) 85
Piazza S. Spirito (D 5) 85
Piazza SS. Annunziata (F/G 3) 69, 84
Piazzale Michelangelo (G 7/6) 85
Polo 64
Ponte Vecchio (E 5) 7, 70, 87
Principe (Hotel, C 4) 27
Regency (Hotel, H3/4) 28
Reisezeit 16

Reiten 64
Restaurants 32
    Günstig 32
    Internationale Küche 40
    Klassiker 35
    Mit Aussicht 38
    Mittlere Preisklasse 34
    Spitzenreiter 37
    Vegetarisch 40
    Wein und kleine Speisen 40
Ristorante Villa S. Michele (Karte Fiesole) 39
Rudern 64
S. Croce (G 5) 73, 92
S. Francesco (Kloster, Fiesole) 80
S. Lorenzo (E 4) 73, 86, 88
S. Lorenzo (Hotel, E 3) 24
S. Marco (Kloster, F 3) 78, 92
S. Maria del Carmine (C/D 5) 6, 73, 93
S. Maria Novella (D/E 4) 73, 92
S. Miniato al Monte (G 7) 74, 91
S. Spirito (D 4) 74
S. Trinita (E 5) 74, 93
Schmuck 51, 88
Schuhe 51
Silla (Hotel, F 6) 26
Sinagoga e Museo Ebraico (G 4) 79
Spielwaren 52
Sport 64
Sprachführer 14
SS. Annunziata (F/G 3) 69, 92
Stadtrundfahrten 19
Stadtviertel 66
Stoffe & Dekorationen 52
Süßigkeiten & Kuchen 52, 88
Synagoge siehe Sinagoga
Taverna del Bronzino, La (F 2) 37
Taxi 19
Tennis 65
Theater 63
Torre di Bellosguardo (Hotel, B 6) 27
Trinkgeld 13
Uffizien siehe Galleria degli Uffizi
Vasari-Korridor 78
Via Tornabuoni 9, 88
Villa Azalee (Hotel, außerh.) 26
Villa Belvedere (Hotel, außerh.) 26
Villa Medicea di Castello 81
Villa Medicea di Poggio a Caiano 81
Villa Medicea La Petraia 80
Villa S. Michele (Fiesole) 28
Warenhäuser 52
Wein 53
Zeitungen (deutschsprachige) 12